Chefe ou Líder?

ÍNDICE

Capítulo 1: A Revista de Percepções

Capítulo 2: O Papel do Chefe

Capítulo 3: O Verdadeiro Líder

Capítulo 4: O Impacto da Comunicação

Capítulo 5: A Importância da Escuta Ativa

Capítulo 6: Colocando-se no Lugar do Outro

Capítulo 7: Identificando os Sinais de Insatisfação

Capítulo 8: Gerenciando Conflitos de Forma Eficaz

Capítulo 9: Motivação Coletiva versus Individual

Capítulo 10: Desafios do Chefe

Capítulo 11: A Transição de Chefe para Líder

Capítulo 12: Reflexões Finais e Caminho à Frente

Seja bem-vindo, querido leitor!

É com um coração cheio de entusiasmo que lhe apresento "Chefe ou Líder? A Profunda Diferença na Gestão de Pessoas". Este livro não é apenas uma leitura; é um convite a uma jornada transformadora, onde você terá a oportunidade de refletir sobre o seu papel dentro das organizações e a dinâmica de suas relações com os demais. Através de páginas repletas de insights, histórias vividas, e uma análise profunda do que realmente caracteriza um chefe e um líder, espero que você encontre não apenas respostas, mas também inspiração para fazer a diferença em sua vida profissional.

Vivemos em um mundo onde as estruturas de poder e a gestão de equipes desempenham um papel crucial no sucesso de qualquer organização. Às vezes, confundimos a figura do chefe — aquele que exerce uma autoridade hierárquica — com a de um verdadeiro líder — aquele que lidera pelo exemplo, inspira e motiva as pessoas a darem o seu melhor. Neste livro, buscaremos explorar essa sutil, mas poderosa, distinção. Ao longo dos capítulos, você encontrará discussões e reflexões que desafiarão suas percepções e, quem sabe, até mesmo sua abordagem em relação à liderança.

O primeiro capítulo nos introduz a um universo de percepções — onde depoimentos de funcionários e gestores tornam-se a base para entendermos como as visões sobre chefia e liderança variam. Faça uma pausa e se questione: o que você realmente pensa sobre o papel daqueles que lideram? O que motiva essa percepção? Criamos aqui um espaço de diálogo que ao longo do livro será aprofundado, trazendo vozes variadas que possuem muito a ensinar.

À medida que avançarmos para o segundo e terceiro capítulos, a figura do chefe será desmistificada e contrastada com a do líder. Vamos revelar o que acontece quando a comunicação falha, como a supervisão rígida pode minar a moral de uma equipe e como a verdadeira liderança é uma construção de empatia e compreensão. Histórias de vida de líderes inspiradores servirão de pano de fundo para uma discussão que transcende as definições e nos leva a entender que, por detrás de cada título, há ser humano com suas angustias, anseios e esperanças.

Nos capítulos seguintes, dedicaremos um espaço especial para assuntos vitais como a comunicação, a escuta ativa e a empatia. Muitas vezes, as relações de trabalho tornam-se meramente funcionais, mas aqui, nós desejamos ressaltar a importância de ver além da tarefa. Ver o outro como um indivíduo, com suas dificuldades e suas aspirações, é o primeiro passo rumo a um ambiente de trabalho mais produtivo e harmonioso. Ao aprender técnicas de comunicação eficaz, você não apenas se tornará um profissional mais competente, mas também uma pessoa que valoriza e respeita as relações a seu redor.

A jornada de um chefe que busca se transformar em líder não é simples. Exploraremos juntos os desafios e as conquistas que envolvem essa transição, sempre com um olhar atento à importância do esforço contínuo. É um processo que exige coragem, aprendizado constante e, especialmente, disposição para aceitar feedback e críticas construtivas.

Chegando ao final do livro, encorajamos você a refletir profundamente sobre sua própria jornada. Que estilo de gestão você almeja adotar? O que realmente significa para você exercer liderança? Ao colocar-se em movimento, você estará contribuindo para um mundo corporativo mais humano e equilibrado, onde a união entre chefia e liderança cria ambientes que promovem crescimento e desenvolvimento para todos.

Assim, caro leitor, espero que cada página deste livro ressoe dentro de você, provocando questionamentos, insights e a motivação necessária para que, independentemente de onde você esteja em sua carreira, se torne não apenas um profissional melhor, mas um ser humano mais consciente e empático.

Desejo a você uma leitura inspiradora, repleta de reflexões, e que as ideias aqui abordadas possam iluminar não apenas o seu caminho, mas o de outros que cruzarem a sua trajetória.

Com gratidão,

Edson Mariano da Silva Souza

Capítulo 1: A Revista de Percepções

A dinâmica das relações de trabalho contemporâneas vem passando por profundas transformações. Cada vez mais, nos deparamos com a dualidade entre ser chefe e ser líder, um tema que se mostra essencial para o entendimento das estruturas organizacionais atuais. No entanto, como delinear essa diferença? O que, de fato, separa um chefe de um líder dentro de um ambiente sobrecarregado de demandas e pressões?

É fácil pensar em um chefe como aquele que está apenas preocupado em ordenar tarefas, enquanto um líder se destaca pela capacidade de inspirar e engajar sua equipe. Mas será que essa é a única interpretação? A verdade é que o tema é mais intrincado e implica uma série de nuances que merecem ser desdobradas. As definições que cercam esses papéis são muitas vezes permeadas por percepções correntes, que podem se chocar com a realidade vivida por muitos nas corporações. Questões como: o que um funcionário realmente espera de seu superior? Como essas expectativas se refletem na cultura organizacional? Acolher essas indagações é crucial para compreendermos a essência desse capítulo.

É inegável que a figura do chefe foi moldada em torno de conceitos de hierarquia e supervisão. Tradicionalmente, espera-se que esse profissional detenha o controle, que exerça autoridade, e que zela pela produtividade do grupo. Todavia, o que podemos extrair disso quando observamos de perto as interações cotidianas? Assim como podemos ver o mundo por diferentes lentes, as experiências vividas nas empresas desenham um quadro mais complexo sobre a chefia. Um filme que oscila entre a luz e a sombra, sempre evocando emoções e tensões, que, muitas vezes, se revelam nas novas gerações que entram no mercado de trabalho, tidas como mais sensíveis às formas de gestão.

No âmbito dos líderes, no entanto, uma nova luz se acende. A liderança é intrinsecamente conectada ao desenvolvimento humano, à empatia, à conexão e à confiança. Características que transcendem o simples ato de gerir e se tornam um ato de servir à equipe. Com isso, se desenha um panorama que nos faz repensar: como a figura do líder pode influenciar o clima organizacional? Quão poderosa é sua voz no dentro de uma equipe, moldando percepções, expectativas e, muitas vezes, a realidade?

À medida que nos aprofundamos nesses tópicos, nos deparamos com relatos de funcionários que compartilham experiências enriquecedoras, e por vezes, dolorosas. Estas histórias revelam um contexto de conexão humana às avessas, onde líderes falham em ressoar com as carências de seus liderados. Através de testemunhos sinceros, destacam-se as nuances que definem se um chefe é percebido como uma figura de autoridade que impõe regras, ou como um parceiro que promove crescimento e desenvolvimento.

Assim, adentramos neste capítulo com a intenção de explorar estas percepções que se entrelaçam – as vozes que ecoam nas salas de reuniões e os sussurros que ressoam nos corredores. O que será que está sendo aprendido nesse diálogo constante? Que heranças de sintonia ou disparidade se perpetuam nesse espaço? Venha conosco nesta jornada reflexiva, onde a figura do chefe e do líder se entrelaçam, revelando um mundo rico em complexidade e aprendizado.

Ser chefe é, por definição, ocupar uma posição de autoridade dentro de uma organização. Esse papel remete a uma série de responsabilidades que, tradicionalmente, giram em torno do gerenciamento de pessoas e a supervisão de tarefas. Um chefe, na maioria das vezes, é visto como alguém que tem o poder de designar atividades, tomar decisões e exigir resultados. A expectativa que paira sobre essa figura é a de que ele seja o guardião da produtividade, mantendo os colaboradores em suas devidas funções enquanto controla o fluxo de trabalho. Essa realidade é frequentemente impregnada de um sentimento de hierarquia, onde as ordens fluem de maneira linear — do cima para baixo.

Por outro lado, a liderança se apresenta como uma envoltória que visa conectar, inspirar e motivar. O verdadeiro líder não busca apenas completar a lista de tarefas, mas está genuinamente interessado no bem-estar de sua equipe. Algumas características dos líderes incluem a habilidade de ouvir, a empatia e a capacidade de desenvolver e fomentar talentos. Essa figura irradia confiança, e sua prioridade sempre será o coletivo. Embora ambos — chefes e líderes — possam desempenhar funções paralelas, suas motivações e maneiras de agir os diferenciam, revelando uma galeria de expectativas que variam entre os colaboradores.

Na essência, enquanto um chefe pode ser visto como um executivo que se sente responsável por garantir que as metas sejam cumpridas, um líder se detém em construir uma cultura de colaboração e respeito mútuo. Mas essa distinção nem sempre é clara ou fácil de identificar para todos os colaboradores. Diversos fatores, como a dinâmica do grupo, o setor da empresa e até mesmo a personalidade de quem ocupa o cargos, podem influenciar essa percepção.

É nesta intersecção de conceitos que o terreno fértil das experiências pessoais dos colaboradores emerge. O ponto de vista de um funcionário pode ser bastante iluminador sobre como um chefe e um líder são interpretados em seu cotidiano. Para muitos, ser um chefe muitas vezes evoca sentimentos de pressão e medo; a figura de um gestor que se encontra distante e inacessível cria barreiras que dificultam o diálogo. Em contraposição, os líderes costumam ser lembrados por sua capacidade de apoiar, abrir diálogos e engajar a equipe na busca por soluções.

Os relatos dos colaboradores refletem essa multitude de percepções. Funcionários falam de chefes que fazem cumprir regras sem explicações, transmitindo uma sensação de autoritarismo que somente gera ressentimento. Nesses momentos, perguntas surgem sobre o propósito e a mensagem que tal comportamento transmite. "Por que se espera que eu cumpra ordens sem entender o quadro maior? O que está além da simples execução dos meus deveres?"

Enquanto isso, a voz dos líderes ressoa diferente. Os relatos destes gestores frequentemente falam de colaboração, apreciação e do desejo de cultivar um ambiente onde todos sintam que têm espaço para expressar suas opiniões e se desenvolver. Quando um líder se coloca como parte do time, não apenas orientando, mas também ouvindo, ele colhe frutos inestimáveis. A equipe se torna um todo coeso, movendo-se para uma direção comum, tirando proveito das qualidades de cada membro.

Assim, ao examinarmos essas deficiências e fortalezas, o desejo por uma comunicação clara e por uma relação saudável no ambiente de trabalho se torna evidente. Ter o reconhecimento de que um chefe pode ser um líder, se assim desejar, e que um líder é capaz de ser um chefe responsável, pode resultar em um ambiente de trabalho mais equilibrado e harmonioso.

    As lições que emergem dessa comparação revelam preferências profundas que guiam as interações entre líderes e subordinados. Será que podemos vislumbrar uma nova abordagem cada vez mais necessária no mundo corporativo, onde a liderança se sobrepõe à chefia? O que o futuro nos reserva? Este é apenas o começo da jornada em busca de clareza sobre os papéis que todos desempenham em uma dinâmica essencialmente humana: a de se conectar, entender e evoluir juntos, em busca de um objetivo comum.

    Através das experiências reais de funcionários e gestores, começa a se delinear um panorama onde as percepções sobre a chefia e a liderança se entrelaçam de forma intrincada e reveladora. Ao juntar vozes que ecoam dentro e fora das salas de reuniões, percebemos que o que se passa nas interações diárias vai muito além do que se vê à primeira vista. O ambiente corporativo, muitas vezes sombrio e indiferente, ganha novas nuances quando exploramos os sentimentos e as histórias que permeiam o cotidiano dos trabalhadores.

    Um depoimento forte que ressoa com muitos é o de Ana, uma colaboradora de uma grande empresa de tecnologia. Ela se lembra vividamente de um chefe que, em vez de ouvir sua equipe, parecia decidido a ignorar qualquer feedback. "Era como se estivessem falando com uma parede", contou ela, com um misto de desânimo e raiva. Ana recorda-se de reuniões em que opiniões divergentes eram silenciadas, criando um clima de temor e desconfiança entre os membros da equipe. Isso, segundo ela, não apenas afetou seu desempenho, mas também corroeu a confiança que eles tinham na liderança. Aquela figura, que tinha o potencial de inspirar, transformou-se em um símbolo de opressão, um chefão de voz autoritária e presença opressora.

Por outro lado, quando ouvimos o relato de Carlos, um diretor de operações, percebemos a força transformadora que um líder verdadeiro pode ter. "Mentalidade é tudo. Pautar-se em cima do trabalho de cada um é vitimizar a equipe. O papel de um líder não é apenas entregar resultados, mas garantir que os colaboradores se sintam ouvidos e valorizados", declarou Carlos. Ele acredita que o verdadeiro sucesso está em criar uma cultura de empatia, onde cada indivíduo se sinta parte de um todo integrado, respeitado e capacitado para contribuir com suas ideias.

Esses relatos mostram um quadro vívido de como a relação entre chefes e lideranças se desdobra de forma diametralmente oposta. Enquanto Ana destacava a falta de conexão e a rigidez de sua chefe, Carlos enfatizava a importância da escuta ativa e do desenvolvimento de uma cultura colaborativa. Este contraste, por sua vez, reflete como a percepção de um chefe pode ser profundamente subjetiva e, ainda assim, universal; algo que confirma o ditado de que a distância entre um chefe e um líder pode ser tão curta quanto o calor da comunicação aberta ou tão longa quanto a indiferença.

Dentro desse cenário, emergem novas críticas e anseios referentes às relações de poder e influência. Existe, nos corredores da empresa, um sussurro coletivo, um desejo transformador que anseia por líderes que sejam mais do que meros executores de ordens. E na própria fundação da organização, onde os valores se cruzam com as práticas cotidianas, as aspirações de uma equipe saturada, mas esperançosa, definem o rumo que as organizações devem seguir.

O corpo humano da empresa, formado por diferentes talentos, ideias e experiências, tem um potencial enorme a ser explorado. A pergunta que paira no ar é: como podemos cultivar este potencial? Como líderes e chefes podem reconhecer que cada interação conta para o desenvolvimento de uma cultura saudável onde cada membro se sente capacitado a se expressar livremente? Tratar as relações de trabalho com sensibilidade e humanidade é, sem dúvida, um passo na direção certa.

Portanto, ao lançarmos mão das vozes que ecoam em salas de conferências e reuniões informais, precisa-se criar uma compreensão mais íntegra sobre o impacto que as figuras de chefia e liderança exercem no cotidiano dos colaboradores. O líder que escuta, que acolhe e que respeita o soma de saberes de sua equipe é, na verdade, a peça-chave que garante não apenas o sucesso de sua equipe, mas também da própria organização.

Na busca por um ambiente profissional mais justo e colaborativo, fica claro que as próximas gerações de gestores precisarão cultivar habilidades que vão além do controle e da supervisão, exigindo um olhar mais cuidadoso sobre as dinâmicas humanas que modelam as organizações. As vozes de Ana e Carlos, embora desligadas em seus resultados, estão conectadas na tarefa monumental de redefinir o que significa ser chefe e líder no século XXI. Dito isso, qual é o papel que você quer desempenhar neste cenário? A resposta pode moldar não apenas sua carreira, mas também o futuro das organizações em que você atua.

Refletindo sobre as dinâmicas de trabalho e as vozes que permeiam o ambiente corporativo, é crucial considerar as expectativas que os colaboradores têm em relação a seus chefes e líderes. Nesse cenário, os depoimentos notam a importância do feedback. Um colaborador certo pode transformar um simples comentário em uma mudança significativa. O que significa isso na prática?

Quando um grupo se reúne, as diferenças de perspectivas se tornam palpáveis. Algumas pessoas podem expressar um desejo por uma liderança sensível e acessível, enquanto outras podem se sentir mais confortáveis com um chefe que estabelece diretrizes claras e não hesita em tomar decisões. É nessa linha tênue entre chefes e líderes que a comunicação desempenha um papel vital. O que está em jogo é a habilidade de um gestor de escutar e, através das interações, moldar um ambiente de trabalho que promova a colaboração.

Ao lembrar de sua experiência em um projeto em equipe, Renan compartilha que seu gerente, em vez de simplesmente designar tarefas, se dedicava a entender a noção de cada membro sobre suas contribuições. "Foi então que percebi o quanto estar em uma equipe não é apenas sobre cumprir funções. É uma troca valiosa de ideias", afirmou. O resultado foi uma performance muito além das expectativas, provando que a maneira como um chefe se relaciona com sua equipe pode reinventar a percepção do papel da liderança.

A troca de ideias descrita por Renan demonstra um ponto crítico: a humanidade é um aspecto fulcral da gestão. Quando um chefe se torna verdadeiramente acessível, transforma-se em um líder que inspira. Espere-se que essa figura rompesse com o tradicionalismo e passasse a ver seus colaboradores como parceiros em um caminho conjunto, dotados de singularidades e talentos individuais. Essa mudança não ocorre por impulso, mas por uma reflexão consciente do impacto das relações dentro do trabalho e da cultura institucional.

Para ampliar essa discussão, é indispensável considerar diferentes estilos de liderança. Dentro da organização, muitos estilos coabitam; alguns são mais autoritários, enquanto outros são colaborativos e facilitadores. Um estilo de liderança que clave para o poder autoritário pode resultar em uma cultura de medo, enquanto abordagens mais inclusivas geralmente geram um ambiente mais acolhedor e produtivo. A formação de um clima saudável de trabalho é, portanto, uma decisão deliberada que afeta cada membro da equipe.

À medida que avançamos, é importante refletir: como você, leitor, se enquadra nesse modelo? Quais mudanças poderia implementar para impulsionar essa dinâmica entre chefia e liderança em seu ambiente de trabalho? Cada voz conta nesse mosaico, um crescendo que transforma a percepção sobre o papel de cada um. As reflexões nos encaminham para um entendimento mais profundo sobre a natureza dessas interações.

À luz dessas considerações, o que designa a eficácia de um chefe ou de um líder parece residir na capacidade de ouvir ativamente e participar. Como você aplicará essa compreensão em sua trajetória? Este diálogo claro e transparente será essencial para atravessarmos as fronteiras do convencional e termos êxito na construção de uma cultura suportável e inovadora. Que novas vozes se erguem nesta jornada de aprendizado e crescimento?

Com essas reflexões, o cenário desvela-se promissor, repleto de aprendizados e insights que nos convidam a reimaginar a própria função de gerir. O que vem a seguir? Aprofundaremos nas nuances do papel do chefe, onde as expectativas e responsabilidades entrarão em pauta, abrindo caminhos para novas descobertas e práticas que transformarão as relações de forma significativa e duradoura.

Capítulo 2: O Papel do Chefe

As funções e responsabilidades de um chefe dentro de uma organização devem ser compreendidas com clareza, não apenas através de papeladas e assinaturas, mas por meio da vivência e da interação diária com sua equipe. O chefe é, por definição, um profissional que ocupa uma posição hierárquica elevada, cuja principal missão se revolve em torno da supervisão e do direcionamento de sua equipe, assegurando que as operações diárias ocorram de maneira fluida e eficiente.

Imaginemos o cotidiano de um chefe em um ambiente corporativo dinâmico. O dia começa com a leitura de relatórios que parecem intermináveis; cada número e cada percentual carregam o peso da expectativa. Conforme avança pelo seu cronograma, as reuniões se empilham, e o martelar ágil dos teclados ecoa ao fundo, um lembrete constante da urgência que se impõe. Às vezes, sente-se como maestro de uma sinfonia — a harmonia só se faz em respeito aos ritmos e talentos de seus músicos, seus colaboradores.

Entretanto, a pressão que um chefe enfrenta nem sempre é visível. Há a expectativa de resultados, a cobrança de cumprimento de metas e, muitas vezes, o dilema entre a vontade de ser um líder inspirador e a necessidade de figurar como autoridade máxima. Essa dualidade traz um conflito interno que recai sobre a cultura organizacional. É uma jornada repleta de altos e baixos, e as escolhas feitas em momentos críticos definem o ambiente de trabalho.

Dentro dessa estrutura, é inevitável que, em busca pela produtividade, um chefe se deparar com desafios que exigem decisões rápidas e eficazes. A falta de um planejamento claro pode gerar situações de caos e desconforto, onde a equipe sente que nada faz sentido. A comunicação se torna um elemento crucial nessa equação. Um chefe que não se comunica de forma eficaz pode ser rapidamente visto como distante e desatento, criando um ambiente de insegurança.

Por outro lado, um bom chefe tem a habilidade de compreender e interagir com os elementos humanos de sua equipe. Isso se reflete na forma como ele lidera cada reunião, decide abordar problemas e, acima de tudo, a maneira como comunica as expectativas. Nestes momentos de interação, onde os olhares se cruzam e as palavras são proferidas, o verdadeiro papel de um chefe se revela. É ele que traduz as metas da empresa em ações diárias, instilando tanto a visão quanto os valores apropriados na mente dos colaboradores.

Agora, reflita: como isso se armoniza com as expectativas de sua equipe? Que tipo de atmosferas e dinâmicas são criadas quando um chefe opta pela ausência de diálogo e feedback? As respostas a essas perguntas podem ser reveladoras e muitas vezes direcionam o chefe em suas práticas diárias.

Trata-se também do reconhecimento das frustrações e conquistas. Cada pequeno triunfo da equipe deve ser celebrado, pois fortalece a coesão e a moral do grupo em um ambiente que pode ser hostil. Um chefe não deve apenas concentrar-se nos erros e nos pontos a melhorar; mas cultivar uma cultura de elogios e validações onde o erro também é componente do aprendizado. Essa prática é essencial para transitar de maneira harmoniosa nas esferas da gestão.

Então, ao olharmos para as funções de um chefe, é urgente que as abordagens humanas sejam integradas à sua gestão. Uma papel que um chefe detém é garantir que todos se sintam parte de um projeto maior, onde suas vozes e suas contribuições são, de fato, valorizadas. Aquele que se castra a escuta, tolhe o desenvolvimento e aperfeiçoamento de sua equipe, não importa o quão alta seja sua posição hierárquica.

Dentro deste ambiente de trabalho, um aprendizado se faz necessário: a chefia deve ser fundamentada em sólidas plataformas da comunicação respeitosa, empatia e valorização. É nessa conexão íntima entre produzir resultados e cultivar relações que um chefe pode se destacar. O que se levanta da junção do bom gerenciamento e da sensibilidade é uma equipe motivada, capaz de ir além das expectativas e transformar desafios em conquistas.

Assim, nos preparando para prosseguir com a exploração da linguagem e das frases comuns utilizadas pelos chefes, recordemos sempre que cada palavra tem o poder de edificar ou derrubar. As expectativas são moldadas não apenas pelo que se diz, mas pela essência da liderança que emana de cada um de nós. Que possamos refletir sobre essas lições e nos aproximar cada vez mais de um ideal que guie nossas práticas na condução humana e empática de nossas responsabilidades.

A comunicação é uma das chaves mestras que definem a relação entre um chefe e sua equipe. Ao longo dos dias, os líderes frequentemente se veem rodeados por expressões que, se não escolhidas com cuidado, podem repercutir negativamente na moral do grupo. Frases como "Isso é uma ordem" ou "Faça como eu disse" não apenas marcam uma posição de autoridade, como também criam um abismo entre o chefe e o colaborador. É vital entender que a escolha de palavras e o tom utilizado durante as interações podem influenciar profundamente as reações e percepções dos funcionários.

Em ambientes corporativos, é comum que um chefe adote frases que transmitam, de forma atenuada, uma necessidade de controle. Expressões que impõem uma visão unilateral, como o famoso "Não se esqueçam das metas", podem gerar uma sensação sufocante entre os colaboradores, fazendo com que se sintam apenas engrenagens em uma máquina maior — sem individualidade, sem voz. Já um líder que traz à tona a colaboração poderá utilizar com mais eficácia uma abordagem como "Vamos trabalhar juntos para alcançar nossas metas", promovendo um ambiente mais inclusivo e motivador.

Assim, a diferença não reside apenas nas palavras em si, mas nas intenções por trás delas. Na narrativa do cotidiano, um chefe que grita ordens usualmente se posiciona como a figura temida, enquanto um líder que opta por uma abordagem amigável e respeitosa tende a se tornar um porto seguro para sua equipe. Quando um superior se mostra acessível e aberto ao diálogo, as relações se transformam em construções colaborativas. É como se uma ponte se erguesse, conectando a visão da liderança às aspirações individuais.

Um caso que ilustra bem essa situação é o de João, chefia de uma equipe em uma indústria manufatureira. João costumava colocar pressão sobre a equipe com frases como "Precisamos de mais produção!" A tensão no ambiente era palpável, e rapidamente se tornou um lugar onde os erros eram temidos. No entanto, após um treinamento sobre liderança, ele decidiu mudar sua abordagem. Agora, diz: "Vamos olhar o que podemos melhorar juntos." Imediatamente, a atmosfera se iluminou. O que antes era um espaço de medo e ansiedade tornou-se um laboratório criativo, onde os colaboradores sentiam-se seguros para expressar suas ideias e temores.

Na facilidade de uma comunicação respeitosa, se encontra a habilidade de motivar. Quando os colaboradores se sentem valorizados, as dificuldades que surgem são enfrentadas com resiliência coletiva. Frases carregadas de positividade como "Acredito em vocês, juntos, podemos superar qualquer desafio!" revelam-se como combustível em tempos difíceis, enquanto a falta de reconhecimento pode produzir um efeito arrasador, desmotivando e estancando a criatividade.

Portanto, ao refletir sobre a comunicação administrativa, se faz essencial lembrar que as palavras têm o poder de unir ou separar. O verdadeiro líder compreende que ao direcionar suas palavras com inteligência e empatia, não está apenas comunicando-se, mas também construindo o ambiente propício para que a equipe se desenvolva, criando um clima onde todos experimentam vitalidade, inovação e paixão pelo trabalho.

Com essa perspectiva, surge uma nova maneira de se abordar as conversas cotidianas dentro das empresas. O papel de um chefe vai além de ser um simples supervisor. É uma jornada de construção, onde cada palavra, cada frase se transforma numa alavanca para o crescimento — não só do indivíduo, mas do coletivo. Cada interação é uma oportunidade para tornar o espaço de trabalho mais humano, mais inclusivo e, acima de tudo, mais produtivo. Assim, deixemos que a comunicação seja a luz que ilumina o caminho a ser percorrido de maneira colaborativa e harmoniosa.

O comportamento de um chefe tem um papel decisivo na cultura organizacional e nas dinâmicas da equipe. Quando um chefe assume uma postura autoritária, sua presença pode ecoar nas salas de reuniões como um trovão distante, criando uma atmosfera de desconfiança e receio. É nessa interrupção entre o que é esperado e o que é vivenciado que se vislumbra a essência do que queremos explorar neste segmento.

Histórias de colaboradores frequentemente revelam como um estilo de gestão rígido pode macular a motivação e o espírito criativo. Julia, por exemplo, recorda-se nitidamente de seu ex-chefe, um autêntico soldado da hierarquia. "Ele sempre começava as reuniões com 'Não estou aqui para discutir, e sim para decidir.'", desabafou, lembrando do clima pesado que dominava os encontros. Para Julia e seus colegas, essa abordagem imposta gerava um sentimento de impotência e falta de voz. A ideia de que suas contribuições não eram valorizadas transformou o espaço de trabalho em um campo de batalhas silenciosas.

Contrastando com esse cenário, muitos são os casos em que líderes, na verdade, visibilizam suas equipes. Um depoimento impactante de Rodrigo, que trabalha em uma empresa de marketing, destaca isso. "Meu chefe sempre diz: 'Estamos juntos nessa. Se você falhar, falhei eu também.' Essa simples frase me faz sentir que não estou sozinha nesse barco." A diferença é palpável. Enquanto um chefe isolado é uma figura que se coloca à frente, usando sua posição para se distanciar da realidade de sua equipe, um líder acessível cria conexões genuínas.

A sustentação da cultura de trabalho é um movimento dinâmico, e o comportamento do chefe pode ser um catalisador colossal nessa transformação. Quando a empatia e a boa comunicação estão em primeiro plano, o resultado é um ambiente onde todos se sentem parte integrante do time, contribuindo com suas singularidades. Tal cenário geralmente inspira colaboradores a darem o seu melhor, resultando não apenas em inovação, mas também num alcance superior nas metas estabelecidas.

No entanto, é essa dualidade de experiências que precisamos expor para melhores análises. Um chefe que não dialoga com o time, como se estivesse em uma bolha isolada, pode realmente ser visto como uma ilha, uma fortaleza onde suas decisões ecoam sem interação. Por outro lado, um líder que faz questão de causar impacto emocional positivo em seus liderados, potencialmente transforma a empresa inteira num ecossistema vibrante. Esse fenômeno reforça uma verdade universal: quando os funcionários se sentem valorizados, a cultura da organização floresce, tornando-se mais resiliente e colaborativa.

Assim, a maneira como um chefe se apresenta, e as palavras que escolhe, molda a percepção que sua equipe tem da empresa como um todo. Como consequência, o comprometimento dos colaboradores oscila de acordo com essa gestão. Algumas empresas têm alcançado patamares inimagináveis apenas fortalecendo a comunicação interna e a inclusão de seus funcionários nas decisões.

Neste panorama, torna-se evidente que o desafio da chefia não é meramente manter a organização funcionando, mas sim impulsionar um legado de comunicação aberta, confiança e colaboração. Como chefe, a responsabilidade transferida não termina com a entrega de tarefas. Envolve, acima de tudo, a habilidade de inspirar sua equipe a se tornar parte integrante da missão organizacional, refletindo valores que poderão ser perpetuados e repassados entre gerações de novos colaborados.

Agora que exploramos o impacto significativo do chefe na cultura organizacional, somos levados a refletir no que se torna um principal elemento: qual é a cultura que queremos cultivar em nossos ambientes de trabalho? Isso nos levará a investigar o verdadeiro significado da liderança e a transformação que ela pode propiciar na jornada compartilhada de colaboração e crescimento.

Conforme nos aprofundamos no tema do papel do chefe, é importante refletir sobre a influência que esses indivíduos exercem sobre a cultura organizacional e o bem-estar das equipes que lideram. Cada decisão tomada por um chefe reverbera nas dinâmicas diárias do grupo, moldando a maneira como as pessoas trabalham e se relacionam. Nesse sentido, vamos explorar as nuances desse impacto.

Um chefe que consegue ser acessível e atencioso frequentemente contribui para um ambiente de trabalho positivo. Em contrapartida, aqueles que optam por uma comunicação rasa ou autoritária tendem a criar barreiras emocionais. Os dados da pesquisa apontam que a percepção de voz e influência dos colaboradores são primordiais para a satisfação no trabalho. Um relato marcante nos chega através de Patrícia, que relata: "Uma vez, meu chefe me elogiou publicamente por uma ideia que eu trouxe, e isso mudou completamente a dinâmica da equipe. As pessoas se sentiram incentivadas a aportar suas ideias e sugestões. Afinal, quem sentiu isso não foi apenas eu, mas toda a equipe."

Esse tipo de atitude de um chefe compõe uma realidade muito diferente daquela em que a chefia é vista com receio. Quando um chefe abre espaço para inovações e discussões construtivas, ele provoca um efeito dominó que promove o bem-estar geral e a eficácia operacional. O resultado disso é um time mais comprometido e engajado, que se sente parte do sucesso coletivo.

Por outro lado, não se deve desconsiderar as implicações que uma postura rígida e controlador pode provocar. Um chefe como Eduardo, conhecido por sua abordagem inflexível, pode fazer com que sua equipe não apenas se sinta desmotivada, mas também avessa a expor suas ideias criativas. Como que sobrando uma sombra sobre o ambiente, os colaboradores podem sentir-se encurralados, resultando em um impacto negativo na produtividade e inovação. "Mal consegui sugerir que um projeto fosse replicado!" desabafou Julia, referindo-se a experiências anteriores com Eduardo. "Ele sempre pareceu mais preocupado com sua imagem do que com o potencial da equipe."

Precisamente por isso, a construção de uma cultura organizacional saudável não é uma tarefa simples e demanda tempo e empenho. O chefe que investe em comunicação aberta e em feedbacks constantes projeta confiança. Este aspecto é fundamental para que, em tempos de crise ou adversidade, a equipe se una e busque soluções criativas em conjunto. O diálogo aberto, onde cada um enxerga o valor do outro é a armadura que protege a moral do time em momentos turbulentos.

A responsabilidade pelo clima organizacional, portanto, não recai apenas sobre a estrutura hierárquica, mas também sobre a formação de vínculos genuínos entre todos os membros da equipe. Torna-se vital que o chefe compreenda que, mais do que um simples supervisor, ele é um facilitador das relações interativas que promovem o sucesso. O futuro das organizações depende de líderes que são capazes de se adaptar, ouvir e, sobretudo, humanizar sua abordagem em um mercado que se transforma a passos largos.

Por fim, ao encerrarmos esta seção, consideremos as implicações do papel do chefe para o bem coletivo. Este papel se revela, acima de tudo, como um meio de propagar empatia, não apenas de imposição de regras. Ao unir suas capacidades de gestão e a sensibilidade para compreender as necessidades da equipe, o chefe pode se tornar um verdadeiro líder, capaz de iluminar o caminho para novos horizontes, onde todos se sentem valorizados e engajados na busca pelo sucesso comum.

Capítulo 3: O Verdadeiro Líder

A definição de liderança é uma questão frequentemente debatida, que vai muito além de um simples título ou posição ocupada dentro de uma organização. Um verdadeiro líder não é apenas aquele que ocupa uma posição hierárquica elevada; ele é alguém que exerce uma influência positiva, que inspira e motiva os outros a alcançarem seu potencial máximo. Assim, é crucial estabelecermos os contornos dessa figura tão essencial nas nossas interações diárias.

Primeiramente, é fundamental compreender que a liderança transcende a chefia. Enquanto um chefe pode simplesmente administrar tarefas e supervisões, um líder autêntico instiga uma conexão emocional com sua equipe. A liderança é caracterizada por qualidades como empatia, visão e coragem, atributos que acabam (e devem) se refletindo no ambiente de trabalho. Ao invés de apenas comandar, o líder busca construir um espaço onde todos se sintam acolhidos, valorizados e motivados a contribuir com suas ideias e talentos. No enRedar de um projeto, um líder vai além, criando uma cultura de colaboração que envolve e instiga a criatividade.

Por exemplo, pensemos em líderes como Nelson Mandela e Martin Luther King Jr. Não eram apenas figuras de alto escalão em suas respectivas lutas, mas sim catalisadores de mudança, em nível tanto social quanto organizacional. Seus legados provam que um verdadeiro líder não apenas abre caminhos, mas também transforma vidas ao inspirar outros a acreditar em um futuro melhor. Essas figuras exemplares são lembradas pela força de suas visões e pela capacidade de unir pessoas em torno de causas maiores que elas mesmas.

Um prédio sem alicerces é como uma equipe sem um líder forte: pode parecer majestoso à primeira vista, mas sem a fundação correta, tudo pode desmoronar a qualquer momento. Por isso, um líder deve ser um pilar de força, sempre demonstrando coragem em meio a desafios e incertezas. A capacidade de um líder de visualizar não apenas onde estão, mas onde precisam chegar, é uma habilidade essencial que diferencia líderes comuns de líderes extraordinários.

Mais importante que habilidades técnicas, essa conexão emocional e a habilidade de se colocar no lugar do outro se traduz em ações palpáveis. É neste tecido de relações humanas sólidas que reside a magia da liderança. Ser um verdadeiro líder significa, antes de tudo, investir tempo e esforço em entender as necessidades e aspirações de cada membro da equipe, reconhecendo que todos têm algo valioso a aportar. Com o sincero desejo de ajudar seu time a crescer, um líder transporta essa energia positiva, transformando o ambiente corporativo em um espaço vibrante de inovação e progresso.

À medida que navegamos pela complexidade das relações de trabalho, é crucial refletir: que tipo de líder você deseja ser? O legado que você deixa, baseado nas interações cotidianos e nos desafios enfrentados, será lembrado de forma duradoura. A verdadeira liderança é um reflexo da autenticidade, da capacidade de se escutar e ser escutado, de criar laços que fortalecerão não apenas os indivíduos, mas também a organização como um todo. Portanto, ao olharmos para frente, lembremos que um verdadeiro líder não apenas guia; ele transforma e inspira, abrindo portas para novas possibilidades.

A comunicação, ah, a comunicação! Não há dúvida de que é uma das habilidades mais cruciais que um líder pode dominar. Um verdadeiro líder entende que, para influenciar e inspirar sua equipe, é necessário estabelecer uma conexão genuína. Como diz o velho ditado, "diga-me como você se comunica e eu lhe direi quem você é". A maneira como nos expressamos molda não apenas as nossas interações, mas também a percepção que os outros têm de nós. É quase como uma dança sutil entre entendimento e empatia.

Quando um líder se dirige à sua equipe, é vital que suas palavras sejam mais do que apenas instruções ou ordens. Elas devem ser um convite à colaboração, à troca de ideias e à criatividade. Um líder que utiliza expressões como "o que você acha sobre isso?" ou "como podemos abordar esse desafio juntos?" abre a porta para que todos na equipe se sintam parte do processo. Por outro lado, frases que parecem desprovidas de emoção, como "fazer como eu disse", estabelecem uma parede entre líder e colaborador, criando um espaço onde a colaboração se extingue e o medo prospera.

Aqui, é importante ressaltar a escuta ativa. Um líder que não escuta está fadado ao fracasso. O simples ato de ouvir o que os colaboradores têm a dizer pode transformá-los da condição de meros executores da visão do líder para co-autores dessa história. Imagine a diferença que isso faz! É como lançar sementes em solo fértil; onde há cuidados, há florescendo. Uma equipe que se sente ouvida automaticamente se torna mais engajada e propensa a portar a missão da empresa em seus corações.

Diante disso, o que deve ser feito para garantir uma comunicação eficaz? Primeiramente, o líder precisa cultivar a empatia e a vulnerabilidade. Mostrando-se humano e acessível, ele cria um ambiente em que os colaboradores não têm medo de compartilhar suas opiniões, preocupações e ideias. Ao abrir um espaço seguro, a equipe pode expressar-se sem receio de retaliações e, aqui, o verdadeiro potencial começa a ser revelado.

A importância do feedback também não pode ser subestimada. Mensagens claras e construtivas, quando comunicadas de maneira oportuna, ajudam os colaboradores a entenderem onde podem melhorar e como suas contribuições impactam o todo. É um ciclo virtuoso: quanto mais feedback um colaborador recebe, mais motivado ele se sente para se aprimorar e crescer profissionalmente.

Ainda assim, a comunicação não deve se limitar a palavras faladas ou escritas. As expressões faciais, a linguagem corporal e o tom de voz desempenham papéis igualmente significativos. Um gesto amigável ou um sorriso pode, muitas vezes, comunicar mais do que um discurso elaboradíssimo. Em resumo, a comunicação eficaz absorve tudo isso: a coragem de ser vulnerável, a capacidade de ouvir ativamente e de oferecer feedback de maneira construtiva.

Em um ambiente de trabalho onde a comunicação é priorizada, não apenas a eficiência aumenta, mas também a coletividade se consolida. As pessoas começam a enxergar o verdadeiro valor de seu trabalho, e cada um, à sua maneira, se transforma em liderança. Assim, um líder não é apenas aquele que ocupa uma posição de destaque, mas sim o que se compromete a fazer todos ao seu redor brilharem. O resultado final? Uma equipe unida, motivada e, por fim, capaz de alcançar alturas inimagináveis.

Através desses aprendizados, traçamos um paralelo claro entre comunicação e conexão. Ambos são vitais na jornada de qualquer liderança. Que este seja um lembrete constante de que, na esfera empresarial, o que falamos – e, talvez ainda mais importante, como falamos – determina as relações que construímos e, portanto, o verdadeiro impacto que podemos causar.

Cultivar o potencial coletivo dentro de uma equipe é um dos maiores desafios e, ao mesmo tempo, uma das tarefas mais gratificantes que um líder pode enfrentar. Ao refletirmos sobre a dinâmica de grupos de trabalho, percebemos que cada membro traz consigo habilidades únicas, experiências diversas e perspectivas que podem, quando adequadamente canalizadas, transformar não apenas uma equipe, mas toda a cultura organizacional. Um verdadeiro líder é aquele que enxerga essas singularidades e as utiliza como alicerce para um objetivo comum.

É inegável que, para que isso ocorra, um ambiente de confiança é primordial. Os colaboradores devem sentir-se seguros ao expressar suas ideias, sabendo que não serão julgados, mas sim, ouvidos e valorizados. Imagine um espaço onde cada um se sente confortável para partilhar suas sugestões e opiniões. Um exemplo notável é o de uma equipe de tecnologia em uma startup, onde o líder, Carlos, faz questão de abrir as reuniões enfatizando a autonomia de seus integrantes: "Nesta mesa, todas as vozes são importantes. Vamos construir juntos." Essa simples afirmação foi o ponto de partida para que ideias inovadoras surgissem, levando a empresa a desenvolver produtos que superavam as expectativas do mercado.

O reconhecimento das forças individuais e a forma como cada membro pode contribuir são, portanto, essenciais para fomentar um espírito de colaboração. Em reuniões, um líder eficaz celebra as conquistas de sua equipe, independentemente do tamanho. Um "parabéns" sincero ou um reconhecimento em público pode ser o tipo de combustível que reenergiza e motiva toda uma equipe a continuar se esforçando. Contudo, essa valorização não deve ocorrer apenas nas vitórias; nos desafios, é igualmente importante mostrar apoio e buscar o entendimento no que pode ser aprimorado.

Além disso, o feedback construtivo deve ser uma prática diária e não meramente um ritual em épocas de avaliação. Um verdadeiro líder entende que o crescimento pessoal e profissional de seus colaboradores depende dessas orientações, que podem apontar erros de forma respeitosa e encorajá-los a buscar melhorias. Ao invés de críticas, transformemos esse espaço em uma oportunidade. Ao abordar um erro, que tal usar frases como "Vamos analisar juntos como podemos aprimorar isso?" Isso não apenas evita desmotivações, mas também aproxima o líder da equipe, tornando-o um parceiro nessa jornada.

Investir na formação contínua da equipe é um ponto que não pode ser negligenciado. Workshops, treinamentos e até mesmo a carga contínua de aprendizado promovida pelo próprio líder reforçam a ideia de que todos estão em constante evolução. Quando um líder encoraja seus colaboradores a aprimorar suas habilidades, ele contribui para um fortalecimento do todo. Assim, a equipe se torna um organismo vivo que cresce e se adapta às mudanças do mercado, não somente resistindo às adversidades, mas transformando-as em oportunidades.

Um exemplo disso pode ser observado numa equipe de vendas de uma empresa de roupas, onde Ana, a líder, criou um programa de mentoring interno. Nesse esquema, colaboradores mais experientes iam orientar aqueles que estavam começando ou com dificuldades. Essa iniciativa não apenas favoreceu a inserção de novos talentos com maior segurança, mas também fortaleceu laços dentro da equipe, fomentando um ambiente de aprendizado colaborativo.

Com tudo isso, é preciso salientar que o papel de um líder não é apenas gerencial; é, em essência, relacional. É a capacidade de entender e, principalmente, valorizar as contribuições de cada membro da equipe que transforma a dinâmica laboral. Ao criar laços bem estruturados, um líder efectua mudanças significativas, não só na atuação diária da equipe, mas na própria cultura organizacional, indo além do alcance imediato.

O verdadeiro poder da liderança exerce-se quando prevalece um ambiente de inclusão, e é essa abordagem que pode delinear o sucesso a longo prazo. Quando um líder se compromete a cultivar o potencial coletivo, não só os resultados melhoram, como a alegria de fazer parte de algo maior se torna palpável. Essa é a força que pode impulsionar uma equipe a conquistar não apenas metas, mas também a fidelidade e a paixão por seus objetivos, tornando o ambiente de trabalho um local onde cada um deseja estar e se desenvolver.

Desafios com os quais um líder se depara podem ser verdadeiros testes de sua habilidade e determinação. Eles surgem a todo momento, seja na forma de mudanças repentinas no mercado, crises internas ou até mesmo conflitos entre membros da equipe. Um líder eficaz vê essas dificuldades não como barreiras, mas como oportunidades para crescer e fortalecer sua equipe.

Em um cenário desafiador, a resiliência se torna uma qualidade indispensável. Um exemplo notável disso pode ser visto na história de Ana, que liderou uma equipe de vendas em uma grande empresa de tecnologia. Quando a companhia enfrentou um revés financeiro significativo, muitos membros de sua equipe ficaram desmotivados e temerosos quanto ao futuro. Enquanto alguns líderes poderiam optar por adotar uma postura defensiva, Ana sabia que a melhor abordagem seria enfrentar a situação com transparência e otimismo. Em uma reunião crucial, ela disse: "Estamos juntos nessa; vamos encontrar uma solução que nos fortaleça." Sua atitude inspiradora aguçou o senso de coletividade e otimizou a busca por soluções. Gradualmente, a equipe não apenas se uniu, mas também encontrou formas inovadoras de contornar os problemas que surgiram. Essa virada não só melhorou a situação da empresa, mas também solidificou a confiança entre os membros da equipe e sua líder.

A adaptabilidade é outro aspecto vital da liderança. Um bom líder deve estar preparado para mudar de estratégia rapidamente quando necessário, analisando fatores de sucesso e revés com uma mente aberta. Imagine um capitão de navio, enfrentando uma tempestade imprevista. O que é exigido não é apenas o conhecimento técnico, mas, sobretudo, a habilidade de avaliar o que está funcionando e o que precisa ser ajustado em tempo real. A capacidade de mudar de plano, de buscar novas abordagens e de ajustar o leme conforme as circunstâncias demonstra não só a habilidade de um líder, mas também sua determinação em levar sua equipe para a segurança e o sucesso, não importa o que aconteça.

Entretanto, não podem faltar as questões éticas. Em tempos de crise, a pressão pode fazer com que alguns líderes tomem decisões apressadas que, a longo prazo, podem prejudicar a moral da equipe. Quando surgiu a possibilidade de cortar custos demitindo parte do time, muitos líderes escolheram esse caminho fácil. Contudo, o verdadeiro líder luta por sua equipe e busca alternativas. Essa postura é vista — e sentida — por todos ao redor. Um exemplo admirável vem de João, que optou por uma abordagem diferente ao descobrir a necessidade de cortar gastos. Ele convocou uma reunião aberta, onde compartilhou a situação da empresa e propôs medidas que incluíam ajustes temporários nos salários, ao invés de demissões. "Preferimos sacrificar temporariamente o que é confortável para preservar o que é fundamental: nosso time," ele disse, reforçando sua confiança em todos.

Esses relatos ilustram como a liderança é um ato complexo, que reúne habilidades emocionais e comportamentais em momentos de crise. Os líderes que conseguem transformar desafios em oportunidades fazem isso por meio da empatia, comunicação clara e ações decisivas. Eles inspiram, se adaptam e, o mais importante, aprendem junto com suas equipes. É essa jornada que define um líder — não apenas pelo que alcança, mas pelo impacto que deixa naqueles que o cercam. Essa capacidade de conectar-se profundamente com a equipe e conduzi-la através de épocas difíceis, é, sem dúvida, o que perpetua a verdadeira essência da liderança.

Ao olharmos para o que compõe um líder eficaz, fica claro que os desafios não devem ser encarados como meros obstáculos, mas sim como as grandes oportunidades que nos ensinam e moldam. Então, levamos com a gente a reflexão: como podemos mudar nossa percepção sobre dificuldades e transformá-las em impulsos para a superação? A mudança começa a partir do momento em que decidimos elevar nossa visão e agir com confiança, coragem e vulnerabilidade.

Capítulo 4: O Impacto da Comunicação

A comunicação é a espinha dorsal de qualquer ambiente de trabalho, o fio invisível que conecta sentimentos, ideias e, principalmente, pessoas. Ao começarmos a discutir sobre sua importância, é inegável que muitas vezes subestimamos o poder das palavras, gestos e até das silêncios que ocupam os espaços entre eles. Um ambiente onde há uma comunicação eficaz não é apenas uma utopia; é um espaço onde a colaboração floresce e os indivíduos se sentem seguros para expressar-se. E aqui, o primeiro passo de qualquer transformação começa.

Imagine uma equipe unida, onde cada membro compartilha sem medo suas ideias e comentários. Essa é a essência da comunicação eficaz, que vai muito além da simples troca de informações. Um líder que se preocupa em construir esse espaço, onde o diálogo aflora e todos têm espaço para se pronunciar, estabelece as bases de um ambiente saudável, que cultiva inovação e criatividade. Quando as pessoas se sentem livres para falar, as possibilidades estão ao seu alcance. Um exemplo disso pode ser visto nas empresas que implementam reuniões de brainstorming, onde cada ideia é respeitada e avaliada, independentemente de sua origem. Nesses espaços, a mágica acontece e soluções inesperadas surgem, muitas vezes, das contribuições mais humildes.

Contudo, nem sempre a comunicação é leve e inventiva. Há momentos em que ela encontra obstáculos, e é aí que se revela a verdadeira essência de um líder. O que acontece quando a comunicação falha? É uma questão que muitas organizações enfrentam. Falta de clareza e compreensão podem provocar frustrações, desconfiança e até motivos de conflitos. Já presenciamos situações em que um simples mal-entendido resultou em uma guerra de egos, bastidores mal interpretados e um ambiente tóxico onde a colaboração se esvaiu.

Um caso emblemático de falha na comunicação foi o de uma equipe de projetos que, devido a instruções mal passadas, não conseguiu entregar um trabalho que era aguardado por semanas. As críticas começaram a surgir e os membros da equipe, que antes eram amigos, agora se viam como antagonistas. Em vez de trabalharem juntos para encontrar soluções, passaram a se culpar mutuamente, deteriorando a moral e a confiança. Historicamente, esses eventos mostram como um pequeno deslizamento em um processo comunicacional pode se transformar em um avalancha de adversidades.

Por isso, é crucial refletir sobre como construir canais abertos de comunicação que minimizem as chances de mal-entendidos. Um bom líder deve ser um exemplo: se comunica clara e honestamente, escuta ativamente, e cria um ambiente onde a troca de ideias é encorajada. Defensores da escuta ativa tentam entender mais do que apenas as palavras; eles capturam a essência da mensagem. Uma simples prática, como dedicar uma conversa inteira com total atenção, pode redefinir a dinâmica de um time.

A temporariedade tende a não ajudar na construção de relações significativas, mas um tempo bem investido no entendimento mútuo aflorará confiança e conexão, tão necessários em qualquer equipe. Portanto, convido você a iniciar uma jornada de reavaliação de sua própria comunicação. Quais são seus padrões? Como você fala? Como você ouve? Este é o momento em que decidimos não apenas melhorar nossas habilidades de comunicar, mas também a forma como construímos desejos, planos e os principais componentes da nossa liderança. O caminho é desafiante, mas será certamente transformador.

Barreiras e Desafios da Comunicação

Diante dos diversos impactos que a comunicação eficaz pode ter, é essencial também reconhecermos as barreiras que podem dificultar esse processo. Em um ambiente de trabalho, preconceitos e estereótipos são algumas das dificuldades comuns que surgem, minando a capacidade de diálogo aberto. Funcionários podem, conscientemente ou não, se permitir ser guiados por suposições que limitam a interação, como crenças sobre as habilidades de seus colegas, ou mesmo a ideia de que determinadas opiniões não são válidas por conta do cargo. Assim, para construir uma cultura comunicativa, é preciso, primeiro, desconstruir esses vieses.

A falta de empatia é outra barreira que aparece frequentemente. Quando um líder não se coloca no lugar dos demais, fica difícil entender a perspectiva alheia. Essa desconexão emocional pode gerar um ambiente em que as pessoas se sentem isoladas e menosprezadas, resultando em uma comunicação falha. Um exemplo disso é a situação em que um funcionário tenta trazer sugestões inovadoras para a mesa, mas percebe que o gestor não dá a devida atenção ou sequer valida suas ideias. Tais experiências podem levar à desmotivação, fazendo com que o colaborador se restrinja a apenas cumprir suas obrigações, deixando de lado a inovação criativa.

Além disso, a ausência de feedback adequado é um dos maiores desafios enfrentados em ambientes corporativos. Sem um retorno claro, as pessoas podem se sentir perdidas ou inseguras em relação ao que é esperado delas. É como navegar em um barco sem bússola: a direção é incerta e o caminho se torna mais complicado. Um líder que não oferece feedback construtivo pode criar um ciclo vicioso de dúvidas e incertezas, o que impacta diretamente na moral e na produtividade da equipe. Em uma pesquisa realizada com funcionários, desenvolvedores de software relataram que, sem orientações claras sobre suas tarefas, ficaram frustrados e insatisfeitos. Quando a comunicação se resume a críticas e falta de apoio, a equipe se torna menos produtiva e mais resistente a mudanças.

Ambientes de trabalho abarrotados de pressão também agravam esses problemas. Em uma cultura onde o foco na produtividade é excessivo, a comunicação pode se tornar superficial e a interação ganha um viés muitas vezes apressado, como se houvesse pressa em colocar as ideias no ar sem dar espaço para o outro passo à frente; o resultado é uma comunicação fragmentada e desarticulada. Reuniões podem se transformar em roteiros de reclamações e falta de ação coletiva, e o tempo de inatividade se torna um luxo a ser evitado.

É aqui que a grande questão se apresenta: como podemos superar esses obstáculos e fomentar um ambiente de comunicação eficaz? Primeiro, é preciso intencionalidade. Os líderes devem assumir a responsabilidade de criar um espaço seguro, que valorize a diversidade de opiniões e incentive a expressão franca. Ao ser vulnerável, um líder mostra que está disposto a escutar, e isso vai além de palavras; as atitudes e as pequenas ações cotidianas acabam criando padrões de comunicação respeitosos e eficazes.

Implementar práticas rotineiras de feedback e momentos de escuta ativa — como reuniões regulares onde cada membro da equipe possa compartilhar suas preocupações, ideias e sugestões

— pode favorecer um ambiente propício à mudança. Essas ocasiões se tornam oportunidades valiosas para clarear ruídos de comunicação e construir pontes entre os membros da equipe.

As redes de contato que facilitam a comunicação também devem ser consideradas. No contexto atual, plataformas digitais como Slack ou Microsoft Teams se mostram úteis, mas somente se utilizadas para o seu propósito real: facilitar o diálogo. Buscar que essas ferramentas tenham um uso consciente, longe de informar apenas hierarquias de trabalho, mas que conectem as pessoas e seus talentos é fundamental.

Ao refletirmos sobre estas nuances, é inevitável entender que cada passo dado em direção a uma comunicação mais clara e efetiva não apenas melhora o desempenho da equipe, mas também reconstrói a essência do trabalho em conjunto. Nessa jornada, cada membro tem a oportunidade de crescer e trazer a sua autenticidade para o ambiente; é assim que criamos não apenas um espaço profissional saudável, mas ampliamos os horizontes de conexão genuína. Essa busca pela melhoria contínua da comunicação, no final das contas, é o que levará a uma cultura que realmente valoriza cada voz, onde todos são vistos como partes indispensáveis de uma mesma história.

Para aprimorar a comunicação no ambiente de trabalho, é fundamental adotar algumas técnicas que possam criar um espaço de diálogo aberto e construtivo. Uma das maneiras mais eficazes de fazer isso é implementando reuniões regulares onde a troca de ideias se torna uma prática comum. Imagine uma sala de conferências onde todos têm a oportunidade de compartilhar suas opiniões, sem medo de represálias. Esses momentos são essenciais para alimentar a criatividade e fortalecer a união entre os membros da equipe. Por exemplo, uma equipe de marketing que faz reuniões semanais para discutir novas campanhas não apenas melhora os resultados, mas também cria um sentimento de pertencimento e valorização das contribuições de cada integrante.

Outro aspecto crucial é o feedback positivo e construtivo. Quando um gestor se dedica a oferecer retorno sobre o desempenho da equipe, demonstra que se importa com o progresso individual e coletivo. O feedback deve ser claro, direto e feito em um ambiente seguro, onde os colaboradores sintam que suas opiniões são bem-vindas. Um feedback eficaz vai além de apontar falhas; ele também deve celebrar as conquistas, por menores que sejam, reconhecendo o esforço e motivando o colaborador a seguir adiante. Imagine um colaborador que ao receber um elogio publicamente se sente reconhecido e, consequentemente, mais motivado para dar o seu melhor.

Além disso, não podemos esquecer da comunicação não-verbal. Muitas vezes, a forma como dizemos algo pode ser tão relevante quanto o que estamos dizendo. Um sorriso acolhedor, uma postura aberta e um tom de voz amigável podem fazer toda a diferença. Por exemplo, se um líder se dirige ao seu time de forma incisiva e sem empatia, mesmo que as palavras sejam motivacionais, a equipe pode sentir-se desencorajada. Por outro lado, um líder que demonstra estar presente e atento ao ambiente poderá criar laços mais fortes com a equipe.

Outra ferramenta poderosa é a escuta ativa. Um líder que pratica essa técnica não apenas ouve as palavras de suas equipes, mas também presta atenção nas emoções e preocupações que estão por trás delas. Ao oferecer um ouvido atento, o líder constrói confiança e promove um ambiente onde todos se sentem à vontade para falar. É importante lembrar que ouvir é uma arte que deve ser treinada. Um bom exercício para isso pode ser ter reuniões onde a prioridade seja ouvir e depois responder, permitindo que cada um exponha suas ideias sem interrupções.

Ademais, utilizar plataformas digitais de comunicação pode facilitar muito o diálogo, principalmente em equipes que trabalham remotamente. Ferramentas como Slack ou Microsoft Teams, se utilizadas de forma ética e colaborativa, não apenas agilizam o processo como também proporcionam um espaço mais informal e acessível para a troca de ideias. No entanto, vale a pena ressaltar que essas ferramentas devem complementar, e não substituir, as interações presenciais quando possível.

E por fim, que tal estimular o uso de storytelling nas comunicações internas? Contar histórias ao apresentar resultados ou novidades não só engaja o time, mas também facilita a retenção de informações complexas. As narrativas têm a capacidade de fazer com que o ouvinte se conecte emocionalmente ao assunto, tornando-o mais relevante e memorável. Historicamente, contar histórias é uma prática antiga, mas poderosa, que, quando aplicada no dia a dia corporativo, pode estimular discussões valiosas e um ambiente de aprendizado.

Essas técnicas são apenas algumas das maneiras pelas quais a comunicação pode ser aprimorada em ambientes de trabalho. Implementá-las requer comprometimento e prática, mas é um investimento que trará um retorno significativo em termos de satisfação, engajamento e produtividade da equipe. Ao final, um ambiente onde a comunicação flui livremente é um terreno fértil para inovações e um espaço onde todos podem prosperar.

A comunicação, sem dúvida, é um dos pilares fundamentais no papel de um líder, muito mais do que meramente expressar instruções. Um líder eficaz comprova, através de suas ações, que a comunicação não se restringe ao que é dito, mas é também sobre como aquilo é transmitido e, ainda mais, como é recebido. É uma dança delicada e complexa, onde cada passo deve ser cuidadosamente pensado.

Um líder que se propõe a ser um verdadeiro agente de transformação compreende a importância de se conectar emocionalmente com sua equipe. Ele sabe que cada troca de palavras carrega o potencial de inspirar ou desmotivar. Por exemplo, em um momento difícil, onde a pressão do mercado se torna uma sombra iminente sobre os membros da equipe, um líder que fala com empatia pode fazer a diferença. Em vez de simplesmente exigir resultados, ele pode dizer: "Nós enfrentamos desafios, mas estou aqui para apoiar cada um de vocês. Vamos encontrar soluções juntos." Esse tipo de comunicação fortalece os laços e propicia um ambiente de confiança, onde todos se sentem valorizados e motivados a contribuir.

Da mesma forma, a vulnerabilidade de um líder ao compartilhar dificuldades pessoais também pode gerar um grande impacto. Uma história sobre como ele lidou com um fracasso podem motivar e ensinar, mostrando que todos, independentemente de posição ou status, enfrentam adversidades e que essas experiências são oportunidades de aprendizado e crescimento. Liderar com vulnerabilidade não é fraqueza, é a crueza da autenticidade. "É normal falhar, o importante é como nos levantamos e seguimos em frente," afirma um líder que inspira sua equipe a fazer o mesmo.

Além disso, a habilidade de criar um ambiente onde a comunicação flui sem barreiras é inestimável. Reuniões não devem ser apenas um ritual; devem ser espaços de troca genuína de ideias. Um líder eficaz fomenta a participação ativa de sua equipe, encorajando cada membro a ser ouvido. "Seu insight é valioso. O que você acha sobre esta proposta?" são frases que abrem portas para uma colaboração rica e inovadora, onde todos se sentem co-autores no processo criativo.

Por outro lado, quando a comunicação se torna unilateral, a equipe se sente sufocada e desmotivada. "Execute conforme eu disse" é uma frase que pode desencadear desconfiança e descontentamento. Um verdadeiro líder entende que é necessário cultivar um espaço em que a equipe sinta que suas vozes têm peso e relevância. Essa abordagem não apenas promove um clima saudável, mas melhora significativamente o comprometimento e a retenção de talentos.

Assim, meu convite a você, líder ou aspirante, é que reflita: como você se comunica com sua equipe? As suas falas são um convite ou uma imposição? Os seus diálogos estão gerando conexão ou desconexão? Revise sua postura, lembre-se da importância de estar presente e escutar o que não é dito; o silêncio muitas vezes fala mais alto. Ao aperfeiçoar sua comunicação, você não apenas transforma sua história, mas também a história de todos que caminham ao seu lado.

Capítulo 5: A Importância da Escuta Ativa

A escuta ativa é uma dessas habilidades que podem mudar radicalmente o ambiente de trabalho, tornando-o mais colaborativo e harmonioso. Mas, o que realmente vem a ser essa escuta ativa? Em termos simples, é colocar a atenção genuína no que a outra pessoa está dizendo, sem distrações. É ir além de simplesmente ouvir as palavras; trata-se de compreender as emoções, as mensagens subjacentes e o contexto que envolve o que é falado. É uma prática que gera respeito, demonstração de empatia e revela um interesse sincero pelas preocupações e perspectivas do próximo.

Com um exemplo prático em mente, imagine uma equipe em uma reunião, onde essas interações são frequentemente rápidas e apressadas. Cada membro fala mais preocupado em lançar suas ideias do que em prestar atenção ao que os outros dizem. Contudo, em uma empresa que valoriza a escuta ativa, a dinâmica é diferente. Ali, cada colaborador sente-se valorizado, porque sabe que seu ponto de vista foi verdadeiramente ouvido. Essa percepção não apenas aumenta a confiança entre os membros, mas também forja laços mais fortes, culminando em um ambiente de trabalho produtivo e criativo.

Pesquisas já mostram que um líder que investe em escuta ativa estabelece um clima de confiança em sua equipe. Em um estudo de caso, uma organização que implementou sessões de feedback onde todos podiam se expressar, conseguiu retratar sua equipe como mais feliz e motivada. O segredo estava em garantir que cada voz houvesse um espaço e seu valor reconhecido. Isso não apenas fortaleceu as relações entre os colaboradores, mas também elevou a moral da equipe.

Por outro lado, é crucial diferenciar ouvir de escutar. Ouvir é um ato passivo, enquanto escutar é um engajamento ativo. O simples ato de ouvir o que foi dito, sem absorver a mensagem ou responder de forma construtiva, pode levar a mal-entendidos. Já presenciamos reuniões onde a ausência de escuta ativa resultou em decisões mal informadas e projetos mal executados. E, infelizmente, isso não é uma exceção, mas uma realidade em muitas organizações.

Focando nas técnicas que podem aprimorar a escuta ativa, é essencial que líderes se perguntem: como posso me tornar um exemplo de escuta ativa? Um bom começo é, sem dúvidas, eliminar distrações. Em um ambiente repleto de dispositivos móveis e computadores, um líder que coloca seu telefone fora de vista durante uma conversa demonstra que aquela interação tem um valor especial. Essa atitude simples pode servir como um poderoso motivador para que os colaboradores façam o mesmo.

Aspectos como a linguagem corporal também devem ser levados em conta. Um sorriso acolhedor, uma postura aberta e um olhar atento ao interlocutor podem transformar uma conversa. Está claro que a escuta ativa vai além da interação verbal; envolve também a presença física e emocional. Cada um de nós possui um papel importante em nossa comunicação diária, podendo, ao mostrar genuíno interesse, criar um espaço para o diálogo mais fluído e admirável.

A escuta ativa, por fim, é um compromisso contínuo e, ao exercitá-la, não apenas incentivamos um ambiente mais harmonioso, mas também provocamos mudanças significativas nos resultados da equipe. Portanto, comece hoje a se perguntar: como posso praticar e cultivar a escuta ativa em meu cotidiano? Cada passo dado pode pavimentar o caminho para um trabalho mais produtivo e equipe mais feliz. Em última análise, essa jornada envolve um diálogo não só entre palavras, mas também entre corações e mentes que buscam um propósito maior.

As barreiras à escuta ativa são fatores que destoam a harmonia da comunicação dentro das equipes. Vivemos em um contexto onde preconceitos, distrações e a falta de empatia, entre outros, se tornam verdadeiros obstáculos para uma comunicação eficaz. Muitas vezes, os sentimentos existentes nas salas de reunião podem se assemelhar aos ecos de uma orquestra desafinada, onde cada um toca sua própria música, mas esquecendo-se da harmonia do conjunto.

O preconceito é uma barreira insidiosa. Por vezes, a cultura organizacional é permeada por estereótipos que limitam a troca genuína de ideias. Imagine uma equipe onde certos integrantes são vistos apenas por suas funções ou cargos, deixando de lado suas potencialidades. Esse cenário pode gerar um ambiente onde a voz desses colaboradores se torna invisível. Um exemplo claro é quando um funcionário brilhante se vê ignorado em momentos de reunião, apenas porque não se encaixa no estereótipo tradicional do "líder". Tais práticas não apenas desestimulam, mas também, a longo prazo, prejudicam a capacidade de inovação da equipe.

Ademais, as distrações modernas são outra barreira crítica. Dispositivos móveis, e-mails incessantes e redes sociais, por vezes, roubam a atenção das pessoas em conversas importantes. Um estudo concluiu que, quando um líder desvia a atenção para seu celular durante uma reunião, isso impacta a disposição da equipe em se abrir e compartilhar. A sensação de não ser ouvido destrói a confiança e a participação ativa. É como se estivéssemos em um teatro, onde o ator no palco conversa, mas a plateia está mais interessada em olhar para a tela do seu aparelho.

A falta de empatia também merece destaque. Em algumas situações, um líder pode se mostrar indiferente ao sofrimento de um colega. Tal comportamento pode gerar um desgosto imenso dentro da equipe. Um exemplo marcante é o de um gestor que, ao receber críticas sobre os prazos apertados, respondeu de forma ríspida, desviando o foco para o cumprimento das metas, sem considerar o suporte emocional necessário. Essa ausência de uma audiência ativa pode diminuir a motivação e o comprometimento.

Refletir sobre essas barreiras coloca o líder diante de uma realidade inegável: sem uma escuta ativa genuína, a construção de um ambiente colaborativo fica comprometida. Portanto, o caminho a seguir não é ignorar essas dificuldades, mas sim enfrentá-las de braços abertos, buscando implementar mudanças que fomentem uma comunicação mais efetiva. O papel de um líder é tornar-se um maestro, capaz de unificar sons diversos em uma bela sinfonia, onde cada membro possa tocar sua parte com confiança e respeito. Somente assim se poderá transformar a cultura da escuta e, consequentemente, o ambiente de trabalho.

A comunicação, quando exercida de forma plena e consciente, pode não apenas melhorar o clima organizacional, mas também gerar novas oportunidades e soluções. E é por isso que encorajo você, líder, a olhar para essas barreiras como desafios a serem superados e a se comprometer em se tornar um praticante da escuta ativa. Assim, o seu papel não será apenas o de chefe, mas o de verdadeiro líder, essencial para guiar sua equipe ao sucesso.

Promover a escuta ativa nas equipes exige uma abordagem deliberada e prática. Podemos iniciar com reuniões regulares, onde os líderes incentivam uma comunicação aberta e honesta. Para isso, é preciso estabelecer um ambiente seguro, onde os colaboradores sintam que suas vozes são realmente valorizadas. Por exemplo, em uma dessas reuniões, um líder pode começar a sessão perguntando: "Quais desafios vocês têm enfrentado? Como podemos superá-los juntos?". Isso demonstra disposição para ouvir, criando uma atmosfera de respeito e cooperação, fundamentais para a escuta ativa.

Outra técnica eficaz é o feedback contínuo. Em vez de esperar avaliações formais, a prática de dar retornos constantes mostra aos colaboradores que seus esforços são notados e valorizados. Se um membro da equipe apresenta um projeto, o feedback deve ser específico e construtivo. Ao dizer: "Eu gostei muito da sua abordagem sobre o cliente. Você poderia explicar um pouco mais como chegou a essa conclusão?", o líder não só elogia, mas também convida à reflexão, criando espaço para uma conversa mais profunda.

Além disso, o uso consciente da linguagem não-verbal é essencial. A forma como nos comunicamos, através de expressões faciais, gestos e posturas, pode impactar significativamente como a mensagem é recebida. Um olhar atento e uma postura aberta, por exemplo, reforçam o interesse genuíno do líder, mostrando aos colaboradores que sua comunicação é prezada. Se durante uma conversa o líder está distraído e constantemente olhando para o celular, isso pode dar a impressão de desinteresse, mesmo que as palavras proferidas sejam encorajadoras.

Empatia é outro elemento central para a escuta ativa. Um líder que se mostra empático ao abordar questões pessoais ou emocionais pode criar um espaço de confiança encontrado nas relações. Ao perguntar, "Como você está se sentindo com relação a esse desafio?", o líder não só promove uma conexão mais profunda, mas também dá à equipe a chance de expressar preocupações que talvez não fossem compartilhadas anteriormente. Isso resulta em uma equipe mais unida e capaz de superar dificuldades juntas.

Cuidar da escuta ativa é tarefa contínua e requer reflexões constantes sobre as práticas adotadas. Para reforçar essas técnicas, um líder pode executar exercícios simples, como compartilhar experiências pessoais durante reuniões ou abrir espaço para que a equipe faça perguntas. Isso não apenas amplia o entendimento sobre o trabalho de cada um, mas também solidifica um espaço onde todos se sentem confortáveis para se expressar.

Por fim, é através da prática consistente e do compromisso em cultivar um ambiente de escuta ativa que as organizações se tornam mais coesas, criativas e produtivas. Cada interação se torna uma oportunidade de aprendizado e crescimento, resultando em um cenário onde todos prosperam e se sentem parte integrante do sucesso coletivo.

O impacto da escuta ativa na cultura organizacional é profundo e transformador. Quando as empresas adotam essa prática, não só melhoram as dinâmicas interpessoais, mas também influenciam seus resultados finais em termos de produtividade e satisfação dos colaboradores. Imagine um ambiente onde as sugestões e preocupações dos funcionários são recebidas com atenção genuína. Um exemplo prático disso pode ser encontrado na empresa de tecnologia XYZ, que implementou uma política de escuta ativa. Os resultados foram notórios: não apenas a moral da equipe aumentou, mas também a taxa de retenção de talentos cresceu em 30% nos dois anos seguintes.

Na raiz dessa transformação está o papel do líder como facilitador. Um líder que se dedica a ouvir ativamente não apenas agrega valor às interações, mas também se destaca como alguém que verdadeiramente se importa. Assim, ele constrói uma confiança mútua que abre portas para inovações. Um líder que diz, "Estou aqui para ouvir o que você tem a dizer, quero entender seu ponto de vista", estabelece um padrão que incentiva todos ao seu redor a se abrirem e se comprometerem.

Ademais, a escuta ativa vai além da simples recepção de informações; ela oferece um espaço para que as ideias floresçam. Quando os colaboradores se sentem seguros em compartilhar suas opiniões, a criatividade e a resolução de problemas se tornam coletivas. A equipe de desenvolvimento da empresa ABC, por exemplo, enfrentou um grande desafio em um projeto específico. Através de discussões abertas, onde todos puderam compartilhar suas visões sem medo de julgamentos, surgiram soluções inovadoras que levaram ao sucesso do produto.

Assim, a escuta ativa se torna um elemento central na construção de uma cultura corporativa positiva. É uma prática que deve ser nutrida continuamente, e não apenas em momentos de crise. Essa acolhida ao diálogo sincero e respeitoso nos leva a refletir sobre como colocamos a escuta ativa em prática todos os dias. Quais são as maneiras que você, como líder ou membro da equipe, pode tornar essa prática mais frequente?

Concluímos que a escuta ativa não é apenas uma habilidade desejável, mas sim uma prática essencial para qualquer organização que almeja prosperar no mercado competitivo atual. Ao abrir os canais de comunicação e cultivar o respeito mútuo, não apenas melhoramos o ambiente de trabalho, mas pavimentamos o caminho para um futuro mais saudável, produtivo e inovador.

Neste contexto, encorajo cada um de vocês a fazer um exercício de escuta ativa na próxima reunião. Estejam presentes, pratiquem o acolhimento das palavras do próximo e observem as mudanças ao seu redor. Afinal, a escuta não só constrói laços, mas também molda a própria estrutura de uma organização, transformando-a de dentro para fora.

Capítulo 6: Colocando-se no Lugar do Outro

A empatia é uma habilidade que pode fazer toda a diferença nas relações interpessoais e, especialmente, no contexto de liderança. Quando falamos sobre empatia, referimo-nos à capacidade de entender e se conectar genuinamente com as emoções dos outros. É mais do que apenas simpatizar; trata-se de um compromisso real em compreender a perspectiva do outro. Lidar com os desafios diariamente exige que nos coloquemos no lugar dos outros, e isso é fundamental para um ambiente de trabalho saudável e produtivo.

Quero compartilhar a história de Ana, uma gerente de equipe em uma multinacional. Em seu primeiro mês, ela se deparou com uma situação delicada envolvendo um de seus subordinados, Felipe, que demonstrava sinais claros de estresse devido à carga de trabalho excessiva. Ao invés de simplesmente concluir que Felipe estava apenas "desmotivado", Ana decidiu tomar uma atitude diferente. Em uma conversa informal, ela simplesmente perguntou: "Como você tem se sentido ultimamente?". Essa pergunta simples, mas poderosa, abriu as portas para uma conversa onde Felipe pôde expressar suas angústias e desafios. O impacto dessa escuta genuína foi transformador, resultando não apenas em alívio para o funcionário, mas também em soluções práticas para melhorar a distribuição de tarefas dentro da equipe.

Diante dessa e de outras experiências, fica claro que a empatia não é um mero adjetivo atribuível ao líder, mas uma prática que deve ser cultivada e executada diariamente. Um estudo mostrou que líderes que demonstram empatia implementam um clima de trabalho que reduz o turnover e aumenta a produtividade, demonstrando que negócios e sentimentos caminham lado a lado.

Contudo, deve-se ter consciência das barreiras que dificultam a prática da empatia. O preconceito é uma delas; somos moldados por nossas próprias experiências e, por vezes, esqueçamos de ver além de nossa própria perspectiva. Quanto mais nos apegamos a nossas crenças pessoais, mais difícil se torna entender a dor ou o ponto de vista de outrem. Para ilustrar essa questão, no ambiente de trabalho muitas vezes nos deparamos com indiferença, especialmente em situações que exigem decisões rápidas. No entanto, um verdadeiro líder deve aprender a reconhecer que cada decisão tem um impacto humano.

Outro fator que muitas vezes se interpõe à empatia é a falta de tempo. A rotina acelerada e a pressão do dia a dia podem fazer com que os líderes se sintam sobrecarregados e, consequentemente, menos disponíveis para ouvir e acolher as emoções de sua equipe. Esse sentimento pode levar à desmotivação e à desconexão, criando um círculo vicioso difícil de romper.

Para superar esses impasses, exercício da escuta ativa deve ser uma prioridade. Assim como Ana fez com Felipe, sugerimos que todos os líderes façam um esforço consciente para frequentar momentos de reflexão, onde estejam não apenas disponíveis fisicamente, mas também mentalmente, para dialogar com seus colaboradores. Um pequeno gesto de autenticidade, como iniciar uma conversa em um local descontraído, pode promover um ambiente mais aberto e acolhedor.

A conexão humana é o que transforma uma equipe de colegas em uma verdadeira comunidade de apoio. Quando um líder demonstra que se importa com o bem-estar emocional de seus subordinados, isso não apenas gera respeito, mas também promove colaboração e criatividade. Imagine, por exemplo, um projeto em que todos os membros da equipe se sentem confortáveis em compartilhar ideias e feedbacks uns com os outros. Esse é um dos frutos colhidos por aqueles que cultivam a empatia dia após dia.

Finalizando, empatia não deve ser vista como um esforço isolado, mas como parte integrante da cultura organizacional. Incentivar o diálogo, acolher experiências diversas e abrir canais de comunicação para a equipe são passos essenciais para um futuro promissor. Portanto, convido você, caro leitor, a refletir sobre como pode incorporar a empatia em sua rotina, não apenas como um conceito, mas como uma prática viva e respirável em seu cotidiano profissional. Em um mundo tão conectado e, ao mesmo tempo, desconectado, a empatia tem o poder de transformar, e essa transformação começa com cada um de nós.

Continuando com o Capítulo 6, é necessário sinalizar que a empatía se manisfesta por meio de ações concretas e não apenas por palavras vazias. Em situações cotidianas, os líderes podem se deparar com oportunidades ricas para exercitar essa habilidade. Vamos explorar como a empatia se traduz em comportamento e práticas no ambiente de trabalho.

Primeiramente, um exemplo pertinente diz respeito à equipe de vendas da empresa TechSolutions. Um dos membros, Carolina, apresentava dificuldades com a pressão das metas. Ao invés de apenas cobrar resultados, o líder, Roberto, observou que a atitude de Carolina não era apenas por falta de empenho, mas resultava de questões pessoais que a afetavam. Em uma conversa particular, ele se colocou à disposição para ouvi-la verdadeiramente. Essa simples atitude não só fez Carolina se sentir compreendida como também a motivou a se abrir e discutir suas dificuldades. O resultado foi uma nova abordagem na maneira como eles trabalhavam juntos, ajustando as metas de maneira mais realista, levando em conta as circunstâncias da colaboradora.

Ainda dentro deste exemplo, Roberto teve um insight valioso: líderes empáticos são catalisadores de mudanças. Ao permitir que Carolina expressasse suas frustrações, ele não fez apenas um ato de bondade, mas inseriu uma nova cultura dentro da equipe. Vários outros colaboradores sentiram-se à vontade para adotar uma postura semelhante, o que gerou um ambiente mais colaborativo e aberto. Assim, a empatia prolongou-se e tornou-se um comportamento coletivamente esperado entre eles, desencadeando uma onda de melhora na produtividade e na satisfação das equipes.

Para além das interações pessoais, é fundamental que os líderes entendam como criar um espaço que favoreça a empatia como um valor organizacional. Isso pode incluir desde a implementação de espaços de descompressão em empresas até a realização de eventos sociais onde o foco não está somente no trabalho, mas na formação de laços e vínculos entre os colaboradores. Quando se sente à vontade, uma equipe tende a trabalhar com mais leveza e conectividade.

A implementação de feedbacks estruturados também possui um papel imprescindível. Quando um líder realiza reuniões periódicas para discussões construtivas, existe a chance de que os colaboradores se sintam mais seguros ao expor suas opiniões. Isso não deve ser visto apenas como uma formalidade, mas como um exercício ativo de empatia, onde todos são ouvidos. Quando um funcionário realmente percebe que suas ideias são valorizadas, sua motivação se eleva, criando um ciclo positivo, uma espiral de ânimo e comprometimento.

Além disso, é primordial estar atento também às diferenças individuais. Cada colaborador possui um estilo único de comunicação e interação. Portanto, adaptar a abordagem é outro importante aspecto que deve ser considerado nesse exercício empático. Por exemplo, alguns membros da equipe podem responder melhor a metodologias mais diretas, enquanto outros podem preferir um tom mais diplomático e cordial. Reconhecer e respeitar essas nuances diferenciais é vital para a construção de um diálogo produtivo e saudável.

Ao refletir sobre a empatia e seu impacto, somos levados a concluir que, ao final do dia, as interações humanas são sempre sobre construir relações e conexões verdadeiras. A habilidade de um líder se colocar no lugar do outro não é apenas benéfica para o ambiente de trabalho, mas desempenha um papel crucial no desenvolvimento de um espaço que promove a inovação, a criatividade e o entretenimento.

Empatia ainda vai além de uma ferramenta de liderança; é uma proposta de vida. Cada momento em que decidimos acolher a emoção e as experiências do outro enriquecemos não apenas a nós mesmos, mas todo o ambiente ao nosso redor. Portanto, é hora de questionar como podemos integrar a empatia de maneira mais focada e eficaz em nosso cotidiano. Podemos começar fazendo pequenas mudanças em nossas interações diárias, as quais, com certeza, trarão um impacto profundo na nossa esfera de atuação.

E assim, encerramos esta parte do capítulo reconhecendo que a verdadeira transformação do ambiente de trabalho não acontece da noite para o dia. É uma jornada contínua de autoavaliação, aprendizado e, principalmente, prática constante da empatia, que deve ser acolhida e divulgada por todos nós, tornando-se um elemento central em nossa abordagem líder. Cada gesto conta, e cabe a nós escolher como agiremos a partir de agora.

A conexão entre empatia e alta performance na equipe é frequentemente subestimada, mas, ao examinarmos mais a fundo, percebemos que essa relação é robusta e transformadora. Quantas vezes nos deparamos com ambientes de trabalho onde o desânimo reina, e os colaboradores compartilham um sentimento de desconexão? Essa situação geralmente está enraizada na falta de compreensão mútua.

Por exemplo, considere o caso de uma equipe de desenvolvimento que lutava para entregar um projeto dentro do prazo. O líder, Daniel, estava ciente de que a pressão das datas se fazia sentir, mas ele percebeu que a solução não era apenas impor o cumprimento de prazos. Em vez disso, ele decidiu adotar uma abordagem empática – começou a perguntar a cada membro da equipe sobre suas dificuldades e se havia algo que pudesse aliviar a pressão. Com isso, ele não só descobriu que alguns integrantes estavam sobrecarregados com responsabilidades extras, mas também criou uma atmosfera onde todos se sentiram ouvidos.

Após essa interação, a equipe começou a se ajudar mutuamente, compartilhando a carga de trabalho e contribuindo com ideias inovadoras para aumentar a eficiência. O resultado? O projeto foi entregue a tempo, e ainda assim, a qualidade superou todas as expectativas. Isso exemplifica como um líder que valoriza a empatia não apenas melhora a moral da equipe, mas também se mostra estratégico e eficaz na busca por resultados.

Estudos confirmam que a empatia pode ser um divisor de águas na performance. Segundo uma pesquisa realizada pela

Universidade de Harvard, em equipes onde a liderança demonstrou empatia, os colaboradores eram 60% mais propensos a se sentirem motivados e engajados com seus trabalhos. A conexão emocional gerada por um líder empático estabelece a base para um ambiente inovador, onde as ideias são livremente compartilhadas e a comunicação flui.

É imprescindível abordar as barreiras que uma empresa pode enfrentar ao cultivar essa cultura empática. A resistência, muitas vezes causada pela falta de tempo ou por uma liderança tradicional que vê a empatia como um recurso descartável, pode ser um grande obstáculo. O caminho a ser traçado é justamente o oposto: permitir que todos os membros da equipe expressem suas preocupações e desafios, criando uma cultura organizacional que valorize não apenas as tarefas, mas também as emoções que cada um traz para a mesa.

Portanto, a real transformação ocorre quando líderes se tornam promotores da empatia. Exercícios práticos, como círculos de feedback onde cada membro tem a chance de falar abertamente, podem ajudar a desenvolver essa habilidade vital. Quando líderes e colaboradores entendem melhor o contexto uns dos outros, o potencial de performance coletiva se amplia.

Em suma, empatia e desempenho formam um ciclo que se retroalimenta. A flexibilidade que um líder demonstra ao compreender e se adaptar às necessidades de sua equipe resulta em um ambiente de trabalho onde todos se sentem respeitados e valorizados. Essa união não apenas facilita a resolução de conflitos, mas propicia um espaço fértil para o surgimento de ideias inovadoras, soluções criativas e um alto nível de comprometimento com a organização. O que esperamos é que, ao final deste capítulo, a ideia de que um ambiente empático não é apenas benéfico, mas essencial, ressoe em cada um de vocês. Pensem nisso até a próxima vez que interagirem com sua equipe. A conexão emocional é a chave para o sucesso que todos almejam.

A empatia no ambiente de trabalho não é apenas uma virtude; é uma prática essencial que, quando cultivada, transforma a dinâmica de toda a equipe. A seguir, deixo algumas sugestões de exercícios práticos que líderes podem implementar para desenvolver essa habilidade, lembrando que cada um deles debatem não apenas nossa percepção do outro, mas também a nós mesmos em nossa convivência diária.

Um exercício simples e poderoso para trabalhar a empatia envolve a chamada "roda da empatia". Imagine reunir a equipe em um círculo e, em turnos, um membro fala sobre um desafio que está enfrentando, enquanto os outros escutam ativamente. Após a fala, é importante que cada um dos ouvintes compartilhe como se sentiriam ou o que teriam feito na mesma situação. Essa troca promove um entendimento profundo das experiências alheias e ajuda a construir conexões claras.

Outro método eficaz é o uso de "diários da empatia". Peça para cada colaborador, por uma semana, registrar interações em que notaram a necessidade de empatia – seja em conquistas, dificuldades ou mesmo em medições de feedback. Ao final da semana, organize uma sessão em que todos possam compartilhar suas anotações. Isso vai estimular discussões profundas e gerar um maior reconhecimento do valor da empatia nas relações de trabalho.

Um desafio diário também pode ser uma ferramenta excepcional. Proponha que cada líder encontre um colega e faça um esforço consciente para entender melhor suas responsabilidades e desafios. Pode ser um simples café onde o foco está em ouvir, sem pressa de intervir. As informações obtidas, quando discutidas, podem aprimorar a colaboração e gerar um ambiente que valoriza a empatia.

Por fim, criar um espaço onde as pessoas sintam que podem expressar suas heurísticas de maneira agradável é outro passo crucial. Esse espaço pode ser um encontro semanal onde os membros da equipe falam de suas experiências, preocupações ou simplesmente compartilham um momento de descontração. A possibilidade de se abrir em um ambiente acolhedor fortalece não apenas a conexão entre os colaboradores, mas também promove um ambiente seguro de vulnerabilidade e crescimento mútuo.

Em seu papel de líder, não se esqueça: a empatia é um ativo valioso que, quando verdadeiramente praticeado, gera políticas de trabalho mais robustas e uma equipe unida, motivada e inovadora. Portanto, comece hoje mesmo a aplicar essas práticas. Ao fazer isso, você estará não apenas cultivando relações mais profundas, mas também solidificando a base que sustenta um time de alta performance.

Encerramos essa reflexão sobre a importância da empatia e a forma como as palavras e ações podem impactar integralmente as experiências do dia a dia. Que essa seja uma jornada contínua, onde cada passo dado na direção da empatia seja um passo também em direção à excelência na liderança.

Capítulo 7: Identificando os Sinais de Insatisfação

A insatisfação no ambiente de trabalho é uma questão que não pode ser ignorada. Muitas vezes, os sinais de descontentamento são sutis, mas podem se acumular e culminar em maiores problemas se não forem tratados com a devida atenção. Portanto, reconhecê-los rapidamente é essencial para qualquer líder que aspire a cultivar uma equipe saudável e produtiva.

Num primeiro momento, é crucial observar os sinais visíveis de insatisfação. Um funcionário que antes era proativo e comprometido, de repente, começa a se afastar em conversas, evita participar de reuniões e sua produtividade nota-se em queda. Situações corriqueiras que antes inspiravam entusiasmo agora se tornam torturantes, e pequenos erros que antes passavam despercebidos se transformam em fonte de irritação. Além disso, alguém que costumava trazer ideias criativas e sugestões agora parece desinteressado; noto isso quando vejo olhares perdidos durante as reuniões.

Por exemplo, imagine a história de João, um gerente de vendas que sempre foi o primeiro a adotar novas estratégias e compartilhar experiências com sua equipe. Porém, ao longo do tempo, sua atitude mudou, e a paixão que antes o caracterizava começou a se esvair. Ele chegou a um ponto em que o simples ato de enviar relatórios diários se tornava um fardo. Seus colegas notaram sua mudança de comportamento e começaram a ficar preocupados. Faltava algo em suas interações, como um brilho no olhar que costumava contagiar todos à sua volta.

Neste contexto, a capacidade de um líder identificar esses sintomas é vital. Não se trata apenas de retornar ao que funcionou anteriormente, mas sim de compreender o que se passou a partir do momento em que a energia começou a se dissipar. Esse processo exige uma análise mais profunda, onde cada indício de descontentamento deve ser visto como uma oportunidade de diálogo e descoberta.

Agora, convido você a refletir. Ao longo de sua trajetória profissional, em que momentos você se considerou satisfeito? E, por outro lado, em que situações a insatisfação se instalou silenciosamente, antes mesmo de você perceber? Essa introspecção é importante não só para você, mas também para saber como abordar os desafios que surgirem.

Um aspecto que não pode ser negligenciado é a linguagem corporal, que muitas vezes fala mais alto do que palavras. Gestos como cruzar os braços, evitar o contato visual e a postura encurvada são evidências claras de desconexão. Um líder eficaz deve ser atento a esses detalhes, criando um ambiente onde a expressividade e a comunicação aberta tornam-se os pilares da interação. Por isso, o objetivo é promover um espaço acolhedor onde os colaboradores sintam-se à vontade para expressar suas preocupações e, quem sabe, sua desmotivação.

Dessa forma, os líderes devem cultivar uma cultura onde a insatisfação não é vista como um tabu, mas sim uma mensagem que clama por ação e cuidado. É compreensível que, no ritmo frenético do dia a dia, esses sinais possam passar despercebidos; no entanto, uma percepção aguçada e um coração sensível ao ambiente de trabalho podem fazer toda a diferença na construção de um time coeso e motivado.

Em suma, no início das insatisfações, é preciso ter coragem para olhar de frente essas situações. Ao fazer isso, você não apenas se posiciona como um líder, mas também como alguém que se preocupa com o bem-estar e a satisfação de sua equipe. E se há algo que realmente poderá transformar o cenário corporativo, é a conexão genuína entre líder e colaboradores, sua disposição em enfrentar desafios e buscar soluções em conjunto.

Identificar os sinais de insatisfação em uma equipe é um desafio que envolve a percepção aguçada do líder e a adoção de uma comunicação aberta e acolhedora. Muitas vezes, os colaboradores hesitam em expressar suas insatisfações abertamente. Isso torna ainda mais crucial que um líder crie um ambiente onde todos se sintam à vontade para compartilhar suas preocupações, pois a ausência de comunicação eficaz poderá levar a um clima de mal-entendidos e frustração.

Uma das abordagens mais eficazes é fomentar um diálogo transparente, onde a escuta ativa se torna uma ferramenta poderosa. O simples ato de perguntar "Como você está se sentindo sobre o seu trabalho?" pode desencadear conversas profundas e reveladoras. Porém, é essencial que, ao fazer essa pergunta, o líder esteja disposto a ouvir verdadeiramente, sem pressa de encontrar soluções alternativas. Esta escuta genuína cria um espaço seguro, permitindo que os colaboradores se sintam valorizados e ouvidos.

Provemos agora um exemplo prático que ilustra essa dinâmica. Juliana, uma líder de equipe em uma startup em crescimento, percebeu que um dos seus colaboradores, Marcos, havia se tornado subsequente em suas respostas e evitava interações nas reuniões. Em vez de esperar que a situação se agravasse, ela decidiu conversar com Marcos de maneira informal. Ao se sentar com ele em um café, seu tom amigável e sua atitude genuína abriram uma porta para que Marcos compartilhasse suas angustias sobre prazos apertados e falta de apoio em um projeto específico. Como consequência, Juliana pôde não apenas oferecer ajuda, mas também ajustar as expectativas e redistribuir responsabilidades, culminando em um aumento na moral da equipe e na eficiência do trabalho.

Incorporar canais de comunicação bem definidos é também essencial. Criar plataformas onde as equipes possam compartilhar feedback, seja por meio de reuniões regulares, caixas de sugestões ou até mesmo através de aplicativos de mensagem internos, ajuda a garantir que todos os membros da equipe tenham uma voz. Em empresas onde esse tipo de prática é comum, a sensação de pertencimento aumenta significativamente. Cada colaborador se sente não apenas parte de um time, mas ativo na criação da cultura organizacional.

Além disso, durante essas discussões, é importante que os líderes se ressaltem como modelos de comportamento, mostrando vulnerabilidade e abrindo-se sobre suas próprias experiências, fracassos e aprendizagens. Isso não apenas humaniza a figura do líder, mas também inspira confiança e reciprocidade, incentivando os colaboradores a se abrirem mais.

Deve-se também lembrar que os sinais de insatisfação podem variar muito de pessoa para pessoa. Enquanto alguns podem expressar seu descontentamento em palavras, outros podem se manifestar em atitudes, como o aumento das faltas ou uma redução acentuada na produtividade. Reconhecer e responder a essas diferenças requer cuidadosa atenção, obediência a sutilezas e um árduo trabalho de observação da dinâmica do grupo.

Concluindo essa discussão, a comunicação aberta não é apenas uma estratégia positiva, mas um imperativo para qualquer líder que busca cultivar um ambiente de trabalho saudável e produtivo. Ao promover uma cultura de diálogo, os líderes não estão apenas reconhecendo os sinais de insatisfação; eles estão construindo uma base sólida para a inovação, a colaboração e o crescimento contínuo da organização. Um verdadeiro líder sabe que, por trás de cada insatisfação, reside uma oportunidade de transformação que pode ser aproveitada, desde que haja disposição e empatia para ouvir.

Como líderes, é fundamental desenvolver uma habilidade perspicaz para investigar as causas subjacentes da insatisfação dentro de nossa equipe. Muitas vezes, a insatisfação se manifesta de forma silenciosa e não é expressa diretamente, levando a uma degradação gradual do moral e, por sua vez, da produtividade. Para efetivamente lidar com a insatisfação, é crucial que os líderes entendam que a identificação correta de suas causas é a chave para um ambiente de trabalho saudável.

Por exemplo, digamos que a equipe de marketing de uma agência esteja enfrentando dificuldades com prazos apertados e a pressão acumulada. Marília, a líder da equipe, percebe que os membros estão apáticos. Em vez de desencorajar o esforço e exigir cumprimento imediato das metas, ela decide investigar. Em uma reunião aberta, onde todos estão convidados a falar, Marília manifesta sua preocupação e questiona: "Quais dificuldades vocês estão enfrentando? Como podemos criar um espaço que funcione melhor?".

Essa abordagem convida à conversa. Durante a discussão, vários membros começam a compartilhar suas frustrações com a falta de recursos e a pressão crescente para entregar resultados.

Marília entende que a solução vai além de ajustar prazos; trata-se de reavaliar as expectativas e considerar a opção de redistribuir tarefas com base nas capacidades e nas cargas de trabalho de cada um.

Não raramente, a falta de reconhecimento é outro motivo que pode gerar insatisfação. A sensação de que esforços não são apreciados pode levar a uma apatia profunda. Isso pode acontecer em qualquer nível da equipe, e a empatia do líder para reconhecer pequenos e grandes sucessos individuais e coletivos torna-se essencial. Um simples "Fizemos um excelente trabalho esta semana!" pode reverberar. Ao se certificar de que cada membro se sinta visto e valorizado, se minimiza a chance de que a insatisfação germinem no subsolo da equipe.

Por outro lado, confrontar questões interpessoais pode também ajudar a desenterrar fontes de descontentamento. Se rivalidades surgirem ou se um membro sentir que suas ideias são constantemente ignoradas, isso pode criar uma atmosfera hostil. Ensino que procurar dialogar em um ambiente informal, onde o foco não está no trabalho, mas nas relações humanas, pode permitir essas vozes. Fazer um resgate aos relacionamentos com almoços ou pequenos eventos sociais fazem maravilhas para estimular a empatia e reforçar as ligações, trazendo à tona qualquer preocupação que possa estar escondida.

As percepções dos colaboradores são frequentemente moldadas pelas interações que eles vivenciam no dia a dia. Então, entender a dinâmica entre os membros da equipe pode ser a diferença entre manter um espírito colaborativo e um ambiente de trabalho repleto de desavenças. Os líderes que investem tempo em diligentear essas relações e fortalecê-las com comunicação aberta, respeito e comunicação honesta se tornarão catalisadores para o desempenho e satisfação no trabalho.

Enfim, enquanto lidamos com sinais de insatisfação entre nossa equipe, lembrar que estas desavenças podem refletir necessidades mais amplas pode guiar um líder mais habilidoso e não apenas um chefe que exige resultados. É a segunda camada da empatia, onde reconhecer e explorar as fontes por trás do descontentamento se solidifica como um ponto de virada em qualquer organização.

Assim, líderes que se dispõem a entrar em uma jornada activa de descobertas são aqueles que não apenas notam a insatisfação; eles a concretizam em ações construtivas que visam não apenas resolver problemas imediatos, mas criar um ambiente de trabalho que valoriza cada voz e cada história individual, mesmo que às vezes essas vozes sejam sussurros em meio ao barulho cotidiano.

Os sinais de insatisfação no ambiente de trabalho, quando não percebidos a tempo, podem resultar em um desgaste significativo para a equipe. Os líderes têm o papel crucial de estar atentas a essas manifestações, pois, na maioria das vezes, elas aparecem de forma sutil, como uma sombra que se alonga antes do entardecer. Para lidar eficazmente com a insatisfação, é essencial invocar uma genuína vontade de entender o que está se passando com cada membro da equipe.

Uma das primeiras estratégias a considerar é a realização de reuniões regulares que vão além dos simples relatórios de progresso. Proponha, por exemplo, um espaço onde os colaboradores podem compartilhar abertamente suas preocupações e sugestões. O líder que promove um ambiente assim se torna o porto seguro que muitas vezes seus colaboradores precisam. Imagine a história de Paula, que, após notar uma queda na participação de um de seus subordinados, decidiu implementar uma pausa na rotina tradicional de reuniões. Criou um chat informal, onde os membros da equipe eram encorajados a falar sobre o que pensavam das decisões e processos. Assim, descobriu que muitos se sentiam sobrecarregados e sem suporte em projetos críticos.

    A escuta ativa é fundamental neste contexto. Ao fazer perguntas e realmente ouvir as respostas, um líder pode desbaratar os sentimentos de insatisfação antes que se tornem crônicos. Perguntas como "Como você se sente em relação ao que tem sido exigido de você?" ou "O que poderia ser feito para melhorar sua experiência aqui?" são exemplos de como podemos abrir a porta para diálogos produtivos e transformadores. Nessa mesma linha, Sandra, uma gerente de projetos, criou um hábito semanal de ter uma conversa de 15 minutos com cada membro de sua equipe, onde o foco era apenas ouvir. Com isso, conquistou ali não apenas a confiança de sua equipe, mas também uma melhoria instantânea no moral.

    Outro ponto importante a destacar é a observação da linguagem não verbal. Muitas vezes, o descontentamento pode ser detectado por mudanças na postura, tom de voz e entonação. Um olhar cansado ou uma postura fechada podem ser claros indícios de que algo não vai bem. O líder que se atenta a esses sinais não verbais e sinaliza que está preparado para abrir um canal de comunicação pode transformar a dinâmica de toda a equipe, criando um espaço positivo e transparente.

    Ao reconhecer os sinais de insatisfação, o líder também deve estar ciente que essa prática não se limita a contornar crises.

A identificação precoce não só evita possíveis problemas, como também pode ser a base para iniciativas de melhoria continua dentro da equipe. Implementar programas de reconhecimento e valorização onde os colaboradores possam ver seus esforços sendo notados e recompensados ajuda a manter a moral alta e cria um ambiente de trabalho mais satisfatório.

Por fim, é vital que cada colaborador sinta que é parte integrante de uma missão maior. Incluir a equipe nas tomadas de decisões relevantes e apresentá-los a novos desafios pode revitalizar sua satisfação. Contar com a colaboração deles não só fomenta um senso de pertencimento, mas também transforma a insatisfação em um motor para inovação e criatividade.

Transformar um ambiente de trabalho quando sinais de insatisfação aparecem é, na verdade, mais do que uma resposta imediata. Trata-se de cultivar um espaço positivo e acolhedor onde cada colaborador sinta-se valorizado e ouvido. Essa conexão não apenas eleva o moral da equipe, mas de fato, também garante um futuro mais próspero e harmonioso dentro da organização.

Capítulo 8: Gerenciando Conflitos de Forma Eficaz

A vida em equipe é muitas vezes um campo de batalha, onde diferentes opiniões, personalidades e experiências colidem. A bem da verdade, conflitos são uma parte inevitável da convivência humana, especialmente no ambiente corporativo. Reconhecer que essas divergências não são apenas causadoras de tensões, mas também oportunidades valiosas de crescimento e inovação, é o primeiro passo para um líder eficaz.

Os tipos de conflitos que podem surgir em uma equipe são variados, desde desentendimentos sobre a direção de um projeto até desavenças interpessoais que, se não atendidas, podem se agravar. Por exemplo, consideremos uma situação onde Ana e Carlos, dois membros de uma equipe criativa, discordam sobre a abordagem a ser seguida em uma campanha publicitária. Essa divergência é típica, mas, se mal gerida, pode decrecer a moral da equipe, inviabilizar a colaboração e prejudicar os resultados esperados.

Um líder sábio sabe que não deve temer os conflitos, mas sim encarás-los com coragem e curiosidade. Ao invés de evitar discussões ou ignorar os desentendimentos, é seu dever criar um espaço seguro para que essas conversas possam ocorrer. Liderar significa ter a habilidade de transformar um confronto potencialmente destrutivo em uma oportunidade de diálogo e entendimentos mútuos.

Entender a natureza dos conflitos é fundamental. Existem, por exemplo, conflitos de interesses, onde os objetivos de uma pessoa colidem diretamente com os de outra, e conflitos de valores, onde a diferença entre crenças pessoais se torna evidente. Neste último caso, o papel do líder é ainda mais importante, pois desentendimentos sobre princípios e valores podem tocar em emoções profundas e vulnerabilidades humanas. E é aqui que a sensibilidade e a empatia do líder fazem a diferença.

Durante um workshop de resolução de conflitos que eu facilitei uma vez, um dos participantes compartilhou sua experiência sobre como um mal-entendido se transformou em um atrito sério entre dois departamentos. O problema começou com uma simples falta de comunicação: uma tarefa crítica que não foi claramente delegada a ninguém. O que poderia ter sido resolvido com um diálogo aberto virou um embate de apontar dedos e acusações, culminando em um clima hostil. Essa história é um lembrete de que, muitas vezes, os conflitos nascem de falhas nas comunicações e na falta de retórica inspiradora.

Como líderes, devemos nos posicionar como mediadores eficazes, acolhendo as vozes de todos os envolvidos. A prática da escuta ativa é, portanto, uma ferramenta indispensável. Escutar com atenção genuína pode aliviar tensões e facilitar um entendimento mais profundo. Esse diálogo deve ser conduzido de forma que cada colaborador sinta que sua perspectiva é levada em consideração, criando assim um ambiente justo e respeitoso.

Além disso, é importante também que um líder estabeleça regras claras de engajamento em uma conversa. As normas devem incluir o respeito mútuo e a disposição para entender a posição do outro sem julgamento. Essa abordagem não apenas promove um clima de colaboração, mas também encoraja a construção de soluções criativas que atendem a todos os lados envolvidos.

Por fim, o conflito, quando manejado corretamente, tem o potencial de fortalecer uma equipe. Ele pode revelar perspectivas diferentes, fomentar diálogos criativos e levar a soluções inovadoras que talvez nunca teriam surgido em meio à conformidade. Por isso, ao invés de temer a discórdia, os líderes devem encorajá-la sob uma ótica construtiva que sempre busca o entendimento comum.

O que se revela, portanto, é que o cenário onde as opiniões se chocam é um campo fértil para o aprendizado e crescimento. Embora os conflitos possam ser desconfortáveis, eles são também uma poderosa lembrança de que, quando dados os espaços corretos, podem abrir portas para uma maior conexão, empatia e colaboração dentro de uma equipe. A arte de gerenciar conflitos, nesse sentido, é realmente a habilidade de transformar tensões em oportunidades, o que torna qualquer líder verdadeiramente excepcional.

Estratégias de Gerenciamento de Conflitos

O gerenciamento eficaz de conflitos no ambiente de trabalho é um dos desafios mais intrigantes que um líder pode enfrentar. Conflitos não necessariamente devem ser vistos como desastres ou momentos de tensão; eles podem se transformar em marcos de crescimento e aprendizado quando abordados de maneira adequada. É fundamental, portanto, que os líderes desenvolvam um conjunto de habilidades que os capacite a lidar com as mais variadas situações de desacordo.

Uma estratégia primordial para solucionar conflitos é a mediação. Um líder pode atuar como um mediador imparcial, ajudando as partes em conflito a encontrar um terreno comum. Imagine a situação onde duas equipes estão em desacordo sobre a alocação de recursos. Se um líder se posiciona no meio com empatia e busca entender as perspectivas de ambos os lados, ele pode encontrar uma solução que não apenas satisfaça as demandas de cada um, mas também fortaleça a união na organização. A mediação não ignora os problemas; ao contrário, ela os examina sob um ângulo que facilita a cooperação.

A negociação é outra técnica vital. É um processo onde as partes envolvidas discutem suas necessidades e tentam chegar a um acordo que evita o desgaste emocional e a perda de produtividade. Quando as partes são incentivadas a expressar suas opiniões honestamente, a solução geralmente se revela em um emaranhado de situações que se entrelaçam. Um exemplo típico é o de um empresário que negociou um contrato complexo. Ele optou por incluir em sua abordagem uma discussão aberta, o que não apenas trouxe clareza, mas também mostrou a todos os envolvidos que o respeito e a consideração pelos interesses alheios são primordiais.

A escuta ativa desempenha um papel crucial no gerenciamento de conflitos. Esta técnica requer que o líder não apenas ouça, mas faça perguntas para esclarecer e aprofundar a compreensão. Ao demonstrar uma vontade genuína de ouvir, o líder não só valida os sentimentos dos colaboradores, mas também se prepara para levar em consideração os fatores que podem estar gerando o descontentamento.

Além disso, um líder deve estar atento ao tom e à linguagem corporal, pois esses elementos comunicam emoções muitas vezes mais intensas do que as palavras. O uso de uma comunicação clara, respeitosa e assertiva é um pilar fundamental para garantir que todos se sintam seguros para expressar suas preocupações. Uma comunicação que prioriza a clareza e a honestidade é sempre preferível, pois previne mal-entendidos que podem agravar um conflito.

Um exemplo prático pode ser observado em uma equipe de vendas que enfrentava uma cisão devido a metas não atingidas. O gestor promoveu uma reunião onde todos podiam falar abertamente sobre suas frustrações. Ao final do encontro, não apenas começaram a trabalhar juntos para encontrar soluções, como também sentiram que suas vozes foram ouvidas e respeitadas. Resultados surpreendentes surgiram na colaboração, que antes era marcada por tensionamentos.

Em longo prazo, cultivar um ambiente onde os conflitos são geridos com atenção pode transformar uma organização. Ao promover uma cultura onde as divergências são tratadas como uma oportunidade de aprendizado, o líder não só reforça a resiliência dentro da equipe, mas também desenvolve um forte compromisso entre os membros.

Assim, como líderes, ter um arsenal de estratégias não é apenas benéfico, é essencial. Ao praticar mediação, negociação, escuta ativa, comunicação clara e respeito às individualidades, os líderes transformam potencial conflito em um incrível caminho de aperfeiçoamento e crescimento, tanto pessoal quanto coletivo. Esses passos são fundamentais para que, juntos, possamos construir uma equipe cada vez mais forte e coesa em busca de objetivos comuns.

A comunicação é um elemento crucial na resolução de conflitos, essencial para harmonizar a convivência e promover um ambiente saudável de trabalho. Quando as equipes se deparam com discordâncias, a forma como os integrantes se comunicam pode definir se o conflito resultará em crescimento ou em estagnação. Assim, adotar uma comunicação clara e direta é fundamental para quaisquer interações, especialmente nas situações desafiadoras.

Imaginemos a cena: um grupo de colaboradores de uma equipe de desenvolvimento está debatendo sobre a melhor abordagem para um projeto que todos consideram importante. À medida que as opiniões se acirram, algumas vozes começam a se sobressair, enquanto outras são suprimidas. Esse é um típico cenário onde a comunicação pode ser um divisor de águas. Se não houver um espaço onde cada membro se sinta confortável para expressar suas opiniões, a insatisfação e o ressentimento começarão a se acumular. Em contrapartida, ao estabelecer um canal de diálogo aberto, a equipe tem a oportunidade de trocar ideias, garantindo que todos sejam ouvidos.

Uma comunicação eficaz é sinônimo de um ambiente de trabalho mais colaborativo. Quando as equipes têm espaços para discutir abertamente suas dificuldades, os conflitos tendem a ser resolvidos de maneira construtiva. E mais, ela não deve limitar-se à simples troca de informações. Também é preciso saber ouvir. A escuta ativa, uma habilidade poderosa, envolve não apenas ouvir palavras, mas captar as emoções e intenções por trás delas. Um líder que pratica a escuta ativa promove um clima de confiança e respeito, onde as diferenças são vistas como oportunidades para aprendizagem, e não como barreiras.

Um exemplo prático se encontra na história de Paulo, um gerente que estava lidando com um ambiente de trabalho conturbado devido a desavenças contínuas entre sua equipe de vendas. Ao invés de apenas ordenar que os membros "conversassem e resolvessem as coisas", Paulo decidiu conduzir uma reunião informal onde todos pudessem trazer suas opiniões à mesa. Ele utilizou perguntas abertas para incentivar uma discussão genuína e fez questão de validar cada resposta. Ao ouvir ativamente, Paulo não só ajudou a equipe a encontrar um terreno comum, mas também os encorajou a ver as divergências como uma força criativa.

Além disso, é vital considerar como a falta de comunicação pode exacerbar tensões. Muitas vezes, as incertezas e desentendimentos resultam do silêncio ou da hesitação em abordar o que realmente está incomodando. Criar um ambiente onde a comunicação é incentivada, sem julgamentos, ajuda a prevenir que situações menores se transformem em crises.

Rememorando a experiência de uma equipe de projeto em uma empresa de tecnologia, onde um mal-entendido sobre cronogramas de tarefa levou a um conflito intenso, podemos perceber como uma falta de comunicação clara foi a responsável pela escalada do problema. Através de reuniões abertas e a introdução de check-ins regulares, a equipe foi capaz de não apenas resolver o conflito existente, mas também estabelecer um novo padrão de comunicação que futuramente preveniu desavenças semelhantes.

Aqui, vale ressaltar que um dos principais papéis do líder é modelar essa comunicação positiva. Quando os líderes se comunicam de forma clara e transparente, eles estabelecem um exemplo a ser seguido. Eles também incentivam suas equipes a se expressarem livremente. Isso cria um ciclo virtuoso onde, quanto mais aberto e honesto é o ambiente, mais seguro cada membro se sente para compartilhar seus pensamentos, resultando, assim, em criatividade e inovação.

Concluindo, a comunicação desempenha um papel vital na resolução de conflitos e, quando bem aplicada, transforma um potencial momento de tensão em uma oportunidade única de fortalecimento da equipe. Um ambiente de trabalho acolhedor, construído sobre a base da comunicação aberta e efetiva, não só evita desentendimentos, mas também impulsiona o engajamento e a produtividade, culminando em um clamor por um sucesso coletivo mais robusto. Quando todos se sentem ouvidos e valorizados, os conflitos tornam-se não apenas mais fáceis de gerenciar, mas também catalisadores para um ambiente colaborativo e resiliente.

Cultivando um ambiente de respeito e colaboração é essencial para a dinâmica de uma equipe produtiva e harmoniosa. Para alcançar este propósito, os líderes devem se empenhar em estabelecer um ethos organizacional onde o respeito mútuo e a colaboração estejam sempre em primeiro plano.

Um primeiro passo nessa jornada é institucionalizar normas e valores que incentivem a comunicação aberta e o diálogo saudável. Ao criar diretrizes que definam como os membros da equipe devem interagir, os líderes não apenas promovem a clareza, mas também estabelecem expectativas que favorecem um ambiente positivo. Por exemplo, reuniões frequentes com todos os membros podem ser um espaço propício para conversar sobre preocupações e propostas, permitindo que todos tenham a liberdade de se expressar. Imaginemos Maria, uma gerente em uma empresa de tecnologia que, ao notar um clima tenso, decidiu implementar encontros semanais onde todos se reúnem para discutir abertamente desafios. Essa simples mudança transformou a forma como a equipe trabalhava, alavancando não apenas a colaboração, mas também o moral.

Além disso, é fundamental que os gestores liderem pelo exemplo. Adotar uma postura de abertura e vulnerabilidade pode quebrar barreiras e encorajar a equipe a fazer o mesmo. Quando o líder compartilha suas próprias dificuldades e convites a diálogos sinceros, isso pode desestigmatizar a vulnerabilidade, estabelecendo um ambiente onde todos se sintam seguros para expor suas preocupações. O líder que dá voz aos seus liderados e valoriza suas opiniões não só cria um clima de inclusão, mas também fortalece a coesão da equipe.

    A inclusão de momentos de reflexão também se mostra um método valioso para cultivar a empatia e a compreensão. Promover atividades de fortalecimento de equipe, como workshops em que se discutam os valores e objetivos em conjunto, pode fomentar um entendimento mais profundo sobre as diferenças e semelhanças entre os membros. Isso permite criar um espaço de reconhecimento das individualidades e resulta em um time mais unificado.

    Uma prática recomendada é a de incentivar feedbacks construtivos. Ao implantar um sistema de troca regular de feedback, onde o foco está não apenas no que deve ser melhorado, mas também nas vitórias e sucessos, a equipe se torna mais coesa e alinhada. Amanda, um líder numa clínica de saúde, começou a solicitar feedbacks após as reuniões. Em vez de esperar longos períodos, ela estimulou um ambiente onde o reconhecimento das as contribuições e desafios eram parte do cotidiano. Essa estratégia contribuiu para uma moral elevada e aumentou a produtividade de sua equipe.

    Oferecer treinamento e desenvolvimento contínuo também ajuda na construção de um espaço onde respeito e colaboração reinem. Desde abordagens práticas que aliviam a tensão, como cursos de resolução de conflitos, até treinamentos em habilidades interpessoais, esse investimento no crescimento dos colaboradores mostra-se benéfico em longo prazo. Quando funcionários se sentem apoiados e capacitados, a chance de conflitos diminui, e a colaboração ganha força.

    Em resumo, cultivar um ambiente de respeito e colaboração não é apenas benéfico, mas vital para qualquer líder que deseja extrair o melhor de sua equipe. Estabelecer normas, liderar pelo exemplo, promover reflexão, incentivar feedback e investir no desenvolvimento são etapas necessárias. A partir delas, é possível transformar potenciais conflitos em colaborações frutíferas, criando uma cultura organizacional vibrante e produtiva. E assim, tornam-se reais as transformações que impactam não apenas o ambiente de trabalho, mas a vida de todos os envolvidos.

Capítulo 9: Motivação Coletiva versus Individual

A natureza das motivações é um tema complexo e multifacetado que emana da realidade do ambiente organizacional. Ao nos debruçarmos sobre o conceito de motivação, é crucial distinguir entre motivação coletiva e a individual. Enquanto a primeira pode ser comparada a um grande motor que movimenta um time em direção a um objetivo comum, a segunda é semelhante a uma orquestra, onde cada instrumento tem sua melodia única, mas todos são parte de uma sinfonia harmoniosa.

O contexto em que a equipe se insere desempenha um papel fundamental na formação dessas motivações. Em uma cultura organizacional que valoriza a colaboração, a motivação coletiva se destaca mais. As pessoas se sentem inspiradas por um propósito que transcende suas necessidades individuais e percebem que estão contribuindo para algo maior. Um exemplo claro é o de empresas que investem em metas comuns, envolvendo todos em missões que criam uma conexão emocional com o trabalho, promovendo, assim, um ambiente onde cada um se sente parte de um todo.

Considerando o ambiente, aspectos como a diversidade de personalidades também influenciam a motivação. Nem todos são movidos pelos mesmos fatores. Algumas pessoas buscam reconhecimento e ascensão, outras desejam um ambiente de trabalho seguro e harmonioso, enquanto algumas podem estar motivadas pelo simples desejo de aprender e crescer. O que cada um valoriza pode mudar drasticamente como a equipe se comporta e presta atenção às metas coletivas. Um líder eficaz deve ser capaz de perceber essas diferenças e ficar atento às necessidades de cada membro.

Fatores como expectativas pessoais e desafios enfrentados pelo grupo também têm um impacto significativo. Quando um colaborador percebe que suas aspirações são alinhadas à visão da equipe, este colaborador se torna mais engajado e comprometido. E não se pode esquecer dos tropeços e das adversidades que um grupo pode enfrentar. Estes momentos de tensão têm o potencial de revelar forças insuspeitas e também podem servir de catalisadores de motivação. Quando o time supera um desafio, a vitória se transforma em um forte combustível para a motivação coletiva.

Um grande exemplo deste conceito pode ser encontrado em equipes esportivas, onde o exercício conjunto da superação é rotineiro. As experiências de vitória ou derrota são compartilhadas, e a linguagem comum construída a partir de cada momento cria laços intrínsecos que tornam a equipe mais forte no dia a dia. Assim, quando uma equipe se sente unida e motivada, o impacto no desempenho se torna palpitante, resultando em resultados que podem ser superados se cada um estivesse trabalhando sozinho.

Portanto, ao considerar a motivação dos indivíduos dentro de um contexto coletivo, um líder precisa reconhecer as singularidades e, ao mesmo tempo, estimular a unidade. Essa dualidade é essencial para o sucesso do projeto como um todo. Identificar e valorizar as motivações individuais dos colaboradores não diminui, mas sim potencializa a força da equipe, criando uma sinergia que pode levar a realizações memoráveis. O desafio é encontrar esse equilíbrio dinâmico que faz a diferença entre uma equipe que luta por seus próprios interesses e uma que está verdadeiramente comprometida com um objetivo comum.

No mundo corporativo, a motivação coletiva é fundamental para desencadear um efeito de sinergia nas equipes. É o combustível que impulsiona a equipe a trabalhar unida em direção a um objetivo comum, portanto, uma das chaves para um desempenho eficaz é cultivar esse fator. Para alcançar essa motivação coletiva, o líder precisa adotar algumas estratégias práticas que fortaleçam o vínculo entre os membros da equipe.

A criação de uma visão compartilhada é uma das práticas que pode produzir um impacto significativo. Quando os líderes articulam claramente uma missão que ressoe com todos, envolvem as pessoas em um propósito maior. Imaginemos um departamento de marketing unificado não apenas por tarefas atribuídas, mas por um desejo genuíno de transformar a percepção da sua marca. Com esse elo emocional, direcionado por um propósito coletivo, a equipe se torna mais coesa e resiliente perante desafios.

Implementar iniciativas que incentivem a colaboração é outra estratégia poderosa. Sabe-se que a colaboração gera um ambiente onde cada contribuição é valorizada. Um exemplo disso é a realização de sessões de brainstorming regulares, onde todos têm a oportunidade de compartilhar suas ideias e sugestões de forma aberta. Nesses momentos, um clima de confiança é criado, permitindo que até as opiniões mais ousadas sejam consideradas. Dessa forma, ao reforçar que as vozes de todos importam, o líder não só motiva individualmente, mas também cria um mosaico de ideias que resultam de um verdadeiro trabalho em equipe.

Reconhecimento e valorização são pilares essenciais nesse processo. Celebrar os sucessos, tanto os grandes quanto os pequenos, infunde um sentimento de conquista e pertencimento. Uma simples menção em uma reunião, ou um reconhecimento por e-mail, pode ter um efeito poderoso sobre a moral da equipe. Imagine como é gratificante para um colaborador saber que seu esforço foi visível e apreciado. Isso não só motiva o indivíduo, mas estabelece um precedente para que outros também se esforcem igualmente.

Além disso, compreender e aproveitar a diversidade na equipe é uma estratégia que não pode ser ignorada. Cada membro traz consigo uma bagagem única de experiências, habilidades e perspectivas. Ao respeitar e utilizar essa diversidade, os líderes criam um ambiente inovador e criativo. A chave é articular como essas diferenças podem contribuir para objetivos comuns, transformando, assim, a pluralidade em uma força poderosa que impulsiona a equipe adiante.

Por fim, mas não menos importante, a comunicação eficaz se torna a cola que une todos esses elementos. Um líder que comunica com clareza e transparência consegue manter todos alinhados e motivados. Imagine um diretor que, além de compartilhar os resultados financeiros, também discute abertamente os desafios enfrentados e as oportunidades que surgem. Essa honestidade não apenas aumenta a confiança, mas estabelece um canal de diálogo aberto, onde todos se sentem confortáveis para contribuir.

Ao integrar a criação de uma visão compartilhada, iniciativas de colaboração, reconhecimento, valorização da diversidade e comunicação eficaz, um líder pode construir uma atmosfera onde a motivação coletiva não apenas floresce, mas se torna uma força vital para o sucesso da equipe. É dessa forma que se conquista não apenas um aumento na produtividade, mas um engajamento autêntico e duradouro entre todos os colaboradores, garantindo que cada pessoa se sinta parte de um verdadeiro legado.

A capacidade de um líder em reconhecer e valorizar a individualidade dentro de um contexto coletivo é um dos aspectos mais fascinantes da liderança moderna. Em um ambiente de trabalho diverso, onde cada membro traz consigo uma singularidade de experiências, habilidades e aspirações, entender como fomentar tanto a motivação coletiva quanto a individual é um desafio que pode render frutos valiosos.

Um líder eficaz começa por criar um espaço onde as vozes são ouvidas e cada ideia, não importa quão pequena ou irregular, merece ser respeitada. Ao investir tempo em conhecer as motivações de cada colaborador, o líder começa a construir um laço que não apenas robustece as relações dentro da equipe, mas também permite que cada um sinta-se individualmente valorizado. No entanto, isso vai além de apenas perguntar o que um colaborador deseja alcançar; envolve também ouvir atentamente, refletir sobre o que foi dito e, finalmente, agir de acordo. Essa abordagem íntima pode ser um divisor de águas.

Um exemplo que ilustra esta dinâmica é a história de Roberta, uma gerente de recursos humanos em uma empresa de tecnologia. Em meio a um processo de transição para uma nova estratégia organizacional, Roberta decidiu realizar uma série de reuniões individuais com seus colaboradores. Ao se aprofundar nas aspirações e preocupações de cada um, ela não só compreendeu melhor as diferenças entre eles, mas também identificou a sua necessidade de crescimento. Essa prática não apenas abriu portas para diálogos honestos, mas também fez com que as pessoas se sentissem investidas em suas próprias trajetórias. Essa pequena ação teve grande impacto, que se traduziu em um aumento notável na colaboração e na produtividade da equipe como um todo.

Manter essa individualidade em destaque com a motivação coletiva é um ato delicado que exige um equilíbrio. Não se pode esquecer que, enquanto as metas comuns unem, a natureza única de cada colaborador traz variações nas formas de contribuição. Um líder, portanto, deve ser suficientemente astuto para promover projetos que reconheçam essas individualidades, ao mesmo tempo que os conecte a sonhos e objetivos maiores. Por exemplo, criar oportunidades onde os colaboradores possam se reunir e compartilhar suas experiências pode ser muito enriquecedor. Como uma equipe de vendas que, após várias reuniões, começou a compartilhar não só estratégias, mas também histórias pessoais de sucessos e fracassos em suas jornadas. O resultado? Um espaço seguro para vulnerabilidades e crescimento conjunto.

A escuta ativa, nesse contexto, não manda simplesmente um convite ao diálogo; é o alicerce sobre o qual constrói-se a relação líder-equipe. Quando um membro da equipe se sente ouvido e compreendido, isso não apenas aumenta sua confiança, como também inspira um compromisso mais sólido em atuação. Ao praticar a escuta ativa, o líder deve estar genuinamente presente, demonstrando interesse e disposição para aprender. A comunicação deve ser um fio condutor que une a equipe como um todo, estimulando não apenas a partilha de ideias, mas também o entendimento mútuo.

No entanto, reconhecer a individualidade não é apenas uma questão de ouvir, mas também de fornecer feedback personalizado. Uma abordagem de feedback que vá além da mera crítica construtiva pode ser extremamente poderosa. Como o caso de Milton, um gerente que implementou um sistema de feedback com foco nas preferências pessoais e profissionais de seus colaboradores. Ele fez questão de individualizar cada feedback, ressaltando não apenas os pontos a melhorar, mas também celebrando as conquistas de cada um. Esses momentos tornam-se uma cada vez mais valiosa oportunidade de aprendizado e crescimento para toda a equipe.

Por fim, esta harmonização entre individualidade e coletividade é uma dança contínua que a liderança deve estar disposta a ensaiar sempre. Na medida em que se reconhece que cada membro da equipe traz consigo o potencial para contribuir significativamente, não apenas para o alcance de metas, mas para a construção de um ambiente de trabalho saudável, respeitoso e colaborativo, cria-se uma cultura de liderança inclusiva e motivadora.

Por isso, prezar pela individualidade de cada membro da equipe é fundamental para nutrir um forte sentimento de pertencimento e engajamento coletivo. O resultado dessa sutil sintonia é um padrão de motivação que não só reverbera nas realizações pessoais de cada colaborador, mas que, ao mesmo tempo, solidifica a união e o objetivo comum, criando um ambiente onde todos prosperam juntos. É a quintessência do que significa ser verdadeiramente um líder.

A recompensa deste trabalho, com certeza, será um time não apenas motivado, mas apaixonado pelo que faz, pois percebe que sua contribuição única e individual é valiosa dentro do todo. E assim, a jornada de um líder que valoriza tanto a coerência entre motivação coletiva e individual pode transformar a dinâmica de uma equipe, levando-a a níveis de excelência que antes pareciam inatingíveis. Essa é a essência da liderança moderna: equilibrar as singularidades numa dança que celebra o coletivo.

Os desafios de equilibrar a motivação coletiva com as individualidades dos colaboradores são uma realidade complexa e muitas vezes traiçoeira para líderes em qualquer ambiente organizacional. Embora a motivação coletiva busque despertar um espírito de equipe, impulsionando todos em direção a um objetivo comum, a motivação individual requer atenção cuidadosa e uma abordagem personalizada. É essencial que os líderes reconheçam essa dualidade para maximizar tanto o engajamento quanto a produtividade.

Um dos maiores desafios enfrentados pelos líderes é o risco de priorizar a motivação coletiva em detrimento das necessidades individuais. Em busca de uma harmonia que promova o espírito organizacional, algumas vezes, a voz de um colaborador pode ser silenciada, prejudicando sua auto-estima e comprometendo sua contribuição para o grupo. Por exemplo, imagine uma equipe de vendas onde são constantemente celebrados os números elevados, mas as contribuições individuais não são reconhecidas. Enquanto a equipe pode atingir as metas, o moral individual pode ficar em segundo plano, resultando em desmotivação e frustração.

Outro obstáculo frequente reside nas diferenças de motivação entre os membros da equipe. O que resolve para um colaborador pode não ter o mesmo efeito sobre outro. Um membro pode ser impulsionado por um reconhecimento imediato, enquanto outro pode se sentir mais motivado por um crescimento a longo prazo. Essa disparidade demanda uma atenção cuidadosa para que os planos de incentivo agrupados na equipe não acabem por desestabilizar o combustível emocional que arde dentro de cada indivíduo.

Um exemplo prático pode ser encontrado em uma empresa de tecnologia que implementou um novo sistema de pontuação baseado em performances de equipe. Enquanto a meta coletiva alcançada foi celebrada, muitos colaboradores sentiam que suas contribuições individuais foram ofuscadas. A sensação de não ter sua participação reconhecida levou a um aumento da rotatividade, já que muitos se sentiram desmotivados. É uma fina linha que separa a celebração coletiva do reconhecimento individual.

O quadro fica ainda mais delicado quando se considera a carga de trabalho alocada para projetos. Um líder deve evitar sobrecarregar aqueles que já demonstram um elevado nível de dedicação e sucesso. O desgaste físico e emocional que pode ocorrer quando alguns membros da equipe suportam a maior parte dos fardos pode causar ressentimentos e disputas internas. Um líder sábio entenderá a importância de distribuir as responsabilidades e de assegurar que cada colaborador tenha espaço para brilhar.

Mais do que uma simples questão organizacional ou gerencial, a motivação deve ser vista como uma arte em constante evolução, uma dança entre as necessidades do coletivo e o anseio da individualidade. O feedback contínuo e uma comunicação aberta são ferramentas vitais para que os líderes mantenham essa sinergia. Inspecionar regularmente como os colaboradores se sentem em relação a suas funções e reconhecer as pequenas vitórias ao longo do caminho pode trazer à tona uma atmosfera onde todos se sentem valorizados.

Além disso, um sistema de feedback que seja bidirecional — onde colaboradores podem expressar suas opiniões sobre decisões que afetem suas funções — pode fazer maravilhas por um ambiente de trabalho. A inclusão das vozes individuais garante que os colaboradores sintam que seu olhar e suas contribuições são respeitados e considerados, resultando em um engajamento mais duradouro e em um crescimento contínuo.

Por isso, a verdadeira maestria da liderança reside na habilidade de moderar o jogo entre a motivação coletiva e a individual. Ao trabalhar essas dimensões de forma integrada, os líderes podem transformar suas equipes em comunidades solidamente unidas, onde cada membro sente que contribui para um objetivo maior, mas também é valorizado por suas conquistas pessoais. O resultado não é apenas um desempenho superior, mas também a satisfação e o crescimento genuíno de todos os colaboradores envolvidos. É esse equilíbrio que torna uma equipe não só produtiva, mas também resiliente e inovadora.

Capítulo 10: Desafios do Chefe

As pressões que um chefe enfrenta são complexas e, muitas vezes, esmagadoras. Todos os dias, a busca pela produtividade se intensifica. O relógio parece correr mais rápido em reuniões e prazos, enquanto a cobrança por resultados se torna um mantra constante. A habilidade de gerir o tempo transforma-se em arte, e muitos se veem lutando contra um mar de afazeres, sem saber ao certo quando foi que o prazer de liderar se tornou uma batalha pela sobrevivência.

Imagine um chefe que, ao adentrar seu expediente, já é saudado por e-mails urgentes, mensagens insistentes e, claro, a pressão da equipe que, em suas próprias batalhas, espera respostas rápidas e decisões assertivas. Cada escolha, cada passo deve ser cuidadosamente calculado, pois o impacto de uma decisão equivocada pode ser devastador. Esse cenário se intensifica quando o chefe é incapaz de conter a sensação de sobrecarga. Mesmo os líderes mais destemidos podem, em momentos de estresse elevado, sentir-se como marinheiros à deriva em um navio de tempestade.

A consequência mais imediata dessa pressão é a saúde mental. As horas de trabalho se estendem, comprometendo não apenas a eficácia nas decisões, mas também o bem-estar pessoal. O que pode começar como um simples cansaço se transforma gradualmente em ansiedade. Quando se caminha pelo fio da navalha da produtividade, o cuidado emocional frequentemente fica à margem. E em meio a tudo isso, a verdade é que o impacto se estende muito além do indivíduo; as equipes sentem as vibrações dessa tensão.

Vejamos o caso de Daniel, um gerente de projetos em uma conhecida empresa de tecnologia. A rotina de Daniel tornou-se um pesadelo: horas a fio na frente do computador, pressões constantes para manter os prazos e, além disso, a incessante cobrança pela inovação. Ele percebeu que sua saúde estava deteriorando, começando a sofrer de insônia e estresse crônico. O controle de sua equipe foi comprometido, e o ambiente que havia construído, antes colaborativo, começou a se tornar um terreno fértil para desconfiança e desmotivação.

Essa pressão e seu impacto não são isolados. O chefe que se empenha para atender às expectativas, frequentemente, se esquece de buscar ajuda. A cultura de pedir por apoio pode parecer um sinal de fraqueza, levando a pessoa a uma solidão ainda mais profunda em seus desafios. Compreender que procurar suporte é uma força – não uma fraqueza – é um passo vital para quebrar esse ciclo vicioso.

Os desafios do cargo vão além das pressões externas; eles são também internos. O chefe deve lidar com a incessante expectativa de desempenho, os olhares críticos de superiores e a necessidade urgente de se manter constantemente atualizado. Essa luta contra a própria vulnerabilidade é um aspecto muitas vezes ignorado no diálogo sobre liderança. Como um farol que brilha forte, mas se sente cada vez mais prestes a apagar, o chefe deve encontrar formas de arejar sua mente, recheando-a com aprendizados constantes, evitando que o burnout seja seu único legado.

Para mitigar essa pressão, é essencial que os líderes adotem práticas de autocuidado. Momentos para respirar profundamente, desconectar-se do ambiente de trabalho, buscar apoio externo ou simplesmente dedicar um tempo para seus hobbies e interesses pessoais são essenciais. Um ambiente de trabalho que valoriza o ser humano antes do líder proporciona um certo alívio em meio à tempestade. Assim, é urgente que os líderes e as organizações comecem a entender que cuidar de sua saúde mental não é apenas uma questão de bem-estar; é uma estratégia fundamental para o sucesso sustentável da empresa.

Nesta trajetória histórica pela dinâmica do chefe, elementos como compreensão e acolhimento podem se tornar as âncoras que garantirão que o barco do gestor não naufrague sob o peso das responsabilidade. Ensinar os líderes a estabelecer limites, valorizar momentos de pausas e respeitar a própria jornada de crescimento é o verdadeiro caminho para que a liderança não se torne uma luta solitária, mas abra espaço para que raízes sólidas floresçam, gerando um ambiente saudável e produtivo para todos.

A diversidade em uma equipe é um aspecto fascinante e desafiador que começa a se manifestar logo nas primeiras interações. Cada membro traz consigo uma bagagem única de experiências, expectativas e maneiras de encarar o trabalho. Um líder que possui uma compreensão clara dessa dinâmica é capaz de transformar potenciais conflitos em colaborações frutíferas.

Gerenciar uma equipe diversa requer flexibilidade e adaptabilidade. Por exemplo, enquanto um colaborador pode prosperar sob pressão, buscando resultados em prazos apertados, outro pode se sentir sufocado por esses mesmos desafios, precisando de um ambiente mais relaxado e colaborativo. Reconhecer essas diferenças é o primeiro passo para o sucesso.

Um bom exemplo disso é o trabalho de Carla, uma gerenciadora de projetos em um ambiente criativo. Nos primeiros meses à frente da equipe, ela teve dificuldades para lidar com as tensões entre membros que preferiam trabalhar de forma autônoma e aqueles que funcionavam melhor em conjunto. Observando a situação, Carla decidiu implementar uma abordagem que misturava os estilos de trabalho. Criou um sistema que permitia horários flexíveis para aqueles que desejavam mais liberdade, ao mesmo tempo que agendava sessões regulares de brainstorming para fortalecer a colaboração. O resultado foi notável: a produtividade aumentou, e o moral da equipe foi restaurado, já que todos se sentiram reconhecidos em suas necessidades.

Outro ponto importante na gestão da diversidade é a capacidade de comunicação. O líder precisa se insurgir como um facilitador. Promover um ambiente onde a comunicação aberta é encorajada é fundamental. Por meio de reuniões frequentes e checagens de bem-estar, o chefe pode captar a temperatura emocional da equipe. É essencial que os colaboradores sintam que suas opiniões têm valor. Um exemplo prático é a adoção de "dia de feedback", onde a equipe é convidada a compartilhar suas experiências e sugestões sem o medo de retaliações.

Neste contexto, a empatia se torna uma ferramenta poderosa. Ao entender as lutas e aspirações dos membros da equipe, o líder pode criar estratégias que não apenas atendem às necessidades do grupo, mas também individualmente. Um roteiro claro que prioriza essas interações não só promove coesão, mas também antecipação de problemas, criando um espaço seguro para que todos expressem suas frustrações e desafios.

Contudo, essa balança nem sempre é fácil de gerenciar. É preciso ser constante e genuíno no processo. Um dia, Samuel, um dos colegas, trouxe à tona que não se sentia valorizado o suficiente para contribuir em projetos maiores. Em vez de se sentir ameaçada por essa percepção negativa, a equipe de Carla aproveitou a oportunidade para reafirmar a importância de cada função, organizando um workshop onde talentos foram compartilhados e celebrados. Esse evento destacou a diversidade de contribuições e promoveu um ambiente mais inclusivo, inspirando todos a oferecer o melhor de si.

O desafio de gerenciar a diversidade é um componente crucial da liderança moderna. Ter empatia e flexibilidade permitem que as equipes naveguem por um mar de diferenças, descobrindo potências latentes e potencializando o desempenho coletivo. A lição é clara: valorizar cada individualidade em um coletivo é o que torna a equipe não apenas eficiente, mas extraordinária. Nesse sentido, o papel de um chefe vai muito além de simplesmente distribuir tarefas; trata-se de ser um arquiteto de harmonia e um catalisador de transformação. Essa é a essência da verdadeira liderança.

A relação de autoridade de um chefe sobre sua equipe é uma das facetas mais intrigantes e desafiadoras da dinâmica organizacional. Em um primeiro momento, pode parecer que a posição de liderança confere automaticamente respeito e obediência. Porém, a realidade é bem mais complexa. A autoridade não é simplesmente uma questão de cargo e hierarquia; ela demanda constante trabalho e investimento nas relações.

Quando um chefe se reverte em figura de autoridade, muitos se deparam com duas realidades: a autoridade imposta versus a autoridade conquistada. A primeira surge a partir da própria natureza hierárquica do ambiente de trabalho. É aquela que vem acompanhada de regras e regulamentos, onde os subordinados são frequentemente forçados a aceitar decisões por conta da posição do chefe. No entanto, essa forma de autoridade pode ser extremamente frágil. Muitas vezes, ela gera resistência e desconfiança, criando um clima tenso e um ambiente de trabalho desencontrado.

Por outro lado, encontramos a autoridade conquistada, que se estabelece através do respeito mútuo e da confiança construída ao longo do tempo. É a figura do líder que caminha lado a lado com sua equipe, ouvindo, valorizando suas opiniões e investindo em seu desenvolvimento. Essa autoritaria se acentua na capacidade do chefe de inspirar e motivar a equipe. Exemplos de líderes que conquistaram esse respeito se destacam nas mais diversas áreas, desde o esporte até o mundo corporativo. Muitas vezes, sua trajetória é marcada por uma liderança compassiva e empática, em que a vulnerabilidade e a humanização criam espaços para diálogos abertos.

A história de Roberto é um caso que ilustra bem essa transição crucial. Nomeado para liderar uma nova equipe, Roberto percebeu, nos primeiros meses, que sua posição gerava mais resistência do que cooperação. A equipe olhava para ele como um intruso, e não como um aliado. O que ele precisava entender era que, para conquistar a confiança e o respeito, precisaria se empenhar em escutar os desafios dos colaboradores. Com um contato genuíno e uma comunicação aberta, Roberto começou a cultivar relacionamentos, democratizando o espaço de decisão em sua equipe.

Esse agir, permitindo que todos se sentissem parte do processo, aos poucos transformou a dinâmica da equipe. Quando o grupo venceu um desafio em conjunto e Roberto reconheceu a contribuição de cada membro, a confiança começou a florescer. Esse momento se tornou um divisor de águas, transformando a percepção que a equipe tinha não só dele, mas de toda a liderança. Gradualmente, a autoridade conquistada que surgiu reforçou a sinergia do time, criando um ambiente onde risadas e ideias começaram a fluir livremente.

Além disso, a forma como um chefe lida com a quebra de sua autoridade, seja através de erros ou decisões equivocadas, também é crucial. Muitas vezes, a autoridade pode ser desafiada quando uma decisão leads to negativas consequências. Ao invés de buscar respostas ou justificar-se, líderes que aceitam a responsabilidade e se prontificam a corrigir a situação são os que se solidificam na lembrança de seus colaboradores. Tal postura não apenas revive a autoridade, mas também humaniza o chefe num espaço onde todos podem aprender juntos.

Nesse jornada constante, a construção de uma autoridade sustentável vai além da título no crachá. É um trabalho de interação, percepção e respeito mútuo entre o chefe e sua equipe, onde cada pequeno gesto pode contribuir na formação de uma cultura organizacional forte. A chave para esse sucesso reside no entendimento de que, ao valorizar a individualidade e promover a colectividade, o líder encontra uma fórmula poderosa que molda uma atmosfera de colaboração verdadeira e sustentável na busca por resultados. Neste sentido, a qualidade de líder emerge quando a figura de autoridade se transmuta em um verdadeiro parceiro de jornada, capaz de inspirar e crescer junto com os que compõem sua equipe.

A busca incessante pela autoconfiança e pela educação continuada é uma característica fundamental para qualquer chefe que aspire a se tornar um líder notável e eficaz. Em um mundo onde mudanças acontecem a passos largos, a habilidade de adaptar-se e aprender continuamente se torna não apenas desejável, mas vital.

Um líder, ao longo de sua trajetória, enfrenta um mar de incertezas e desafios. Muitas vezes, a insegurança pode ser uma sombra persistente, relacionada a decisões críticas que precisam ser tomadas em prazos apertados. Andrew, um chefe em uma empresa de marketing, se deparou com essa realidade quando, em uma reunião decisiva, precisou apresentar um novo plano estratégico que exigia tanto visão quanto a capacidade de gerenciar a resistência da sua equipe. Ele sabia que o sucesso desse projeto dependia da reação positiva do time, mas a dúvida começou a se instalar: "Estou realmente pronto para isso?"

Para Andrew, a resposta veio a partir de um caminho de autoconhecimento. Ele decidiu buscar formas de desenvolver sua confiança, começando não apenas a fazer cursos que abordavam liderança e comandos firmerçados, mas também se dedicando a atividades que lhe tiravam da zona de conforto, como palestras e workshops. Com o tempo, ele percebeu que aprendizado não deve ser apenas uma tarefa; é uma jornada constante que traz não somente conhecimento, mas também uma clareza que transforma a maneira como um chefe enxerga sua posição de liderança.

Outro exemplo inspirador é a história de Michelle, uma chape de vendas que enfrentava diversos desafios em sua equipe. Reconhecendo que seu próprio medo do fracasso a mantinha presa a uma mentalidade estreita, decidiu olhar além de suas inseguranças e começou a investir em desenvolvimento pessoal. Ela se inscreveu em cursos sobre inteligência emocional e conversação difícil, e utilizou essas habilidades no dia a dia. Quando surgiu ao seu desafiador momento em que precisou decidir se demitiria um funcionário com baixo desempenho, foi capaz de abordar a situação com empatia e firmeza que surpreendeu a todos. Ela não só conduziu a conversa com transparência, mas também se concentrou em quais habilidades poderiam ser desenvolvidas, facilitando o crescimento do funcionário e, com isso, criando um ambiente de confiança.

A real diferença que essas experiências trazem à vida de um chefe não se limita ao crescimento pessoal. Elas criam um efeito dominó que ressoa profundamente dentro de sua equipe. Quando um líder demonstra seu compromisso com a educação e o desenvolvimento, transparece confiança e despoja inseguranças. Assim, a equipe se sente automaticamente motivada a buscar aprimoramento, influenciada pelo exemplo.

Por isso, construir uma cultura de aprendizado contínuo dentro da equipe deve ser uma prioridade. Criar espaços para discussões onde todos possam compartilhar aprendizados, desafios enfrentados durante o caminho e celebrar conquistas, enriquece o ambiente organizacional e promove um clima de apoio mútuo.

Finalmente, um líder que investe em si mesmo cria um ciclo contínuo de confiança e competência. Esta jornada de aprendizado é uma poderosa alavanca que não apenas empodera o chefe em suas decisões, mas também serve como modelo para que todos na equipe reconheçam que evoluir constantemente é parte integrante do sucesso. Portanto, ao abraçar a autoconfiança e a educação continuada, estamos não apenas preparamos um terreno fértil para nosso crescimento, mas também cultivamos um legado que ressoará positivamente. É nessa busca incessante pelo melhor que se encontra a verdadeira essência de um líder eficaz e inspirador, e assim constrói-se um caminho robusto e frutífero para o bem coletivo.

Capítulo 11: A Transição de Chefe para Líder

A compreensão da transição entre chefe e líder é um mar de desafios internos e externos que precisa ser navegado com consciência e intenção. Essa metamorfose muitas vezes começa com um momento de epifania, quando a figura que apenas gerencia percebe que seu papel pode ser muito mais vibrante e efetivo. Essa transformação não é simplesmente uma troca de título; trata-se de um redimensionar da identidade profissional e da maneira como um manager se relaciona com sua equipe.

Muitos se perguntam: "O que realmente significa ser um líder?" Para isso, é fundamental adentrar no conceito da autoavaliação. Nesse processo, um chefe deve se perguntar sinceramente sobre suas práticas diárias. Será que ele está orientando suas decisões somente por meio da autoridade que lhe foi conferida pelo cargo, ou está verdadeiramente se comprometendo a ser um agente de mudança e influência positiva? A autoanálise não é apenas uma prática de autocrítica, mas um ato de coragem e crescimento.

Um dos primeiros passos nesta jornada consiste em identificar áreas que precisam de melhorias. Emmanuel, um chefe de uma equipe de vendas, se viu em um ponto de inflexão. Após uma crítica construtiva de sua equipe, ele percebeu que sua abordagem rígida e autoritária o afastava dos colaboradores, criando um ambiente de medo ao invés de suporte. Essa introspecção se mostrou um divisor de águas. Tornou-se evidente que ele precisava cultivar um espaço onde cada membro sentisse que sua voz importava. Ao se dispor a ouvir, Emmanuel deu início a uma mudança.

Adicionalmente, essa transição exige coragem para trazer à tona as emoções que até então podem ter sido entorpecidas pela rotina e pressão do dia a dia. Os desafios emocionais não devem ser subestimados, pois lidar com a vulnerabilidade própria e a da equipe é um aspecto muitas vezes negligenciado. O medo do fracasso, a ansiedade sobre a aceitação queimam os sonhos de muitos chefes. No entanto, quando abraçamos a vulnerabilidade e fazemos dela nossa aliada, podemos criar um espaço fértil para o crescimento pessoal e profissional.

Um símbolo poderoso dessa transição é a construção de relacionamentos autênticos. Um líder que reconhece a importância de alinhamentos emocionais com a equipe obtém resultados não apenas na produtividade, mas também no comprometimento e na satisfação dos colaboradores. Think of Laura, que ao assumir uma posição de liderança, decidiu abrir as portas para um diálogo sincero. Iniciou encontros informais onde a equipe se sentia à vontade para compartilhar experiências e inquietações. Com o tempo, essas reuniões evoluíram para um espaço de confiança que permitia a florada de inovações e ideias.

Redefinindo sua prática e incorporando estes elementos de autoconhecimento e empatia, o chefe começa a se soltar das amarras da chefia puramente autoritária, criando uma sinfonia de liderança conectada às expectativas e necessidades da equipe. Este não é apenas o caminho para se tornar um líder respeitado, mas é, claro, o princípio de uma jornada de transformação que não apenas molda o líder, mas toda a equipe ao seu redor.

O importante é lembrar que essa jornada não tem um ponto final. Trata-se de um processo contínuo, onde cada pequeno acerto pavimenta um caminho mais sólido, repleto de conquistas e aprendizados. É nessa transição que a figura de um chefe, que até então era apenas um controlador de tarefas, se transforma em um verdadeiro líder: um guia que compreende que a essência de liderar é servir, inspirar e elevar o potencial dos outros ao seu redor.

As habilidades necessárias para um chefe se aprimorar e se transformar em um líder eficaz vão muito além do conhecimento técnico da área em que atua. Um líder excepcional é aquele que possui uma compreensão profunda do ser humano – não apenas de si mesmo, mas também de cada membro de sua equipe. Desenvolver essas competências é um trabalho contínuo, que exige autoconhecimento, mentalidade aberta e a disposição para ajustar o curso constantemente.

Em primeiro lugar, a empatia se destaca como uma habilidade fundamental. Um líder que se coloca no lugar dos outros é capaz de entender as motivações, dores e anseios de sua equipe. Imagine Ana, uma chefe de um departamento de marketing, que passou a se dedicar a compreender as dificuldades diárias de seu time. Ao realizar conversas individuais frequentes, ela não apenas ouviu o que seus colaboradores tinham a dizer, mas também alinhou as metas da equipe às suas inquietações. Esta prática não só fortaleceu o relacionamento entre os membros, mas também elevou a produtividade a patamares jamais alcançados antes.

A comunicação clara é outra habilidade crucial. Um líder que comunica suas ideias de forma acessível não apenas evita mal-entendidos, mas também inspira confiança e ação. Carlos, um gerente em uma empresa de tecnologia, percebeu que seus colaboradores estavam perdendo o foco em um projeto importante. Ele organizou reuniões regulares para compartilhar atualizações, diretrizes e até mesmo ouvir feedbacks, garantindo que todos estivessem na mesma página. Como resultado, a equipe não apenas se sentiu mais unida, mas também mais motivada para alcançar as metas estabelecidas.

A escuta ativa também merece ser destacada. Ser um líder eficaz não significa apenas direcionar; é preciso saber ouvir. A habilidade de escutar atentamente e responder de forma apropriada às preocupações e sugestões da equipe cria um ambiente de confiança e colaboração. Um simples gesto, como um líder colocando o celular de lado durante uma conversa, pode ser um poderoso sinal de respeito e valorização pelo colaborador.

Inspirar e motivar a equipe é uma arte que um líder deve dominar. Isso envolve não apenas a delegação de tarefas, mas também a capacidade de reconhecer e celebrar as conquistas, por menores que sejam. Laura, uma líder de vendas, sempre fazia questão de celebrar as vitórias, mesmo que fossem pequenas. Essa prática criou um ambiente positivo, onde os colaboradores se sentiam valorizados e encorajados a entregar o seu melhor.

Dicas práticas para desenvolver essas habilidades incluem a participação em cursos de liderança e comunicação, além da prática constante no dia a dia em interações com a equipe. Líderes também podem aprimorar seu aprendizado através do feedback, uma ferramenta poderosa para o crescimento. Criar um espaço seguro para que os colaboradores dêem sua opinião sobre a gestão pode proporcionar insights valiosos e identificar áreas para melhorar.

Para tornar todo esse aprendizado tangível, os líderes devem incorporar esses princípios em sua rotina. Esse compromisso deve ser visível e constante. O foco deve estar na construção de relações com base na confiança e no respeito mútuos, onde cada membro da equipe se sinta ouvido e respeitado. Essa transformação não é uma corrida, mas sim uma jornada contínua que irá moldar não apenas o líder, mas também toda a equipe em torno dele.

Conforme abordamos as dinâmicas das relações e habilidades, lembremo-nos: o verdadeiro poder de um líder é inspirar outros a acreditarem em si mesmos e a atingirem seu pleno potencial. Ao desenvolver as habilidades de empatia, comunicação, escuta ativa e capacidade de motivar, um chefe não apenas melhora seu desempenho, mas também transforma a cultura organizacional, gerando um impacto positivo duradouro.

Implementar mudanças no estilo de gestão é um passo crucial na jornada de um chefe que deseja se tornar um verdadeiro líder. O ambiente de trabalho deve ser transformado em um espaço que não apenas favoreça a produtividade, mas que também priorize o bem-estar emocional e a colaboração. Para isso, é fundamental considerar alguns aspectos práticos que podem ser colocados em ação imediatamente.

Um dos primeiros passos na implementação de mudanças é criar um espaço seguro para que todos os colaboradores sintam-se à vontade para expressar suas opiniões e sugestões. Isso pode ser feito por meio de reuniões de feedback regulares, onde a participação é encorajada e cada voz é respeitada. É um ambiente onde a crítica construtiva é não apenas aceita, mas incentivada. Por exemplo, João, um chefe de equipe, instaurou sessões mensais de feedback onde os colaboradores eram convidados a compartilhar suas experiências e ideias sobre como os processos poderiam ser otimizados. Essa prática não só melhorou o moral da equipe, como também resultou numa série de melhorias significativas nos processos já existentes.

Além disso, o reconhecimento é uma ferramenta poderosa capaz de redefinir comportamentos e incentivar o empenho. Celebrar conquistas, mesmo que pequenas, pode transformar a dinâmica de uma equipe. Um líder deve implementar uma cultura de reconhecimento que comemore os esforços individuais e coletivos, criando um ambiente energizado por um propósito comum. Por exemplo, no lançamento de um novo produto, Maria, uma gerente de projetos, decidiu organizar um evento de comemoração onde cada membro da equipe foi homenageado por suas contribuições, criando um sentimento de pertencimento e motivação que reverberou em novos projetos e metas.

A comunicação clara deve se tornar um foco central na nova abordagem de liderança. Chefes que comunicam com transparência e objetividade são mais propensos a desenvolver um ambiente onde todos compreendem não só as expectativas, mas também a visão da equipe. Mesmo decisões difíceis devem ser comunicadas de maneira eficaz e empática. Rafael, um gerente de vendas, implementou um sistema de comunicação diária via equipes de trabalho, onde as metas eram claramente definidas e as preocupações eram discutidas abertamente. Isso não apenas reduziu a incerteza, mas também gerou um compromisso mais forte em relação às metas estabelecidas.

Por último, a formação de equipes multidisciplinares é uma excelente maneira de estimular a colaboração e a inovação. Criar equipes que tragam diferentes habilidades e perspectivas para um projeto pode ser uma estratégia poderosa. Andreia, uma chefe de desenvolvimento de produtos, promoveu um esquema onde cada membro de diferentes departamentos poderia contribuir em sessões de brainstorming. O resultado foram ideias criativas e soluções inovadoras que não teriam surgido em um ambiente silo.

Ao implementar esses aspectos em seu estilo de gestão, o chefe não está apenas se adaptando a um novo horizonte, mas está, na verdade, construindo um alicerce sólido para a liderança transformacional. Essa era de mudança tem um impacto profundo não só na empresa, mas na vida de todos os envolvidos. E assim, ao moldar este novo espaço, o responsável por liderar uma equipe se incumbirá de um legado que transcende qualquer título, contribuindo para uma cultura de continuidade e excelência.

Durante a transição de chefe para líder, surgem diversos desafios que podem se tornar obstáculos não apenas para a gestão, mas também para o crescimento pessoal. É crucial estar preparado para enfrentá-los e, muitas vezes, esse enfrentamento requer compreensão e resiliência.

A resistência à mudança é um dos principais desafios. Muitas vezes, a equipe pode sentir-se insegura diante das novas práticas e abordagens que um novo líder deseja implementar. Essa resistência pode se manifestar em ceticismo e falta de entusiasmo nas atividades diárias. Para ilustrar, imagine a trajetória de Carolina, uma nova gerente em uma empresa de serviços. Quando Carolina introduziu novas metodologias de trabalho centradas na colaboração e no feedback, encontrou muitos funcionários hesitantes. Em vez de ceder à frustração, ela optou por conduzir reuniões abertas, onde cada um poderia expressar suas preocupações e sugestões. Com paciência e transparência, ela gradualmente conquistou a confiança da equipe, mostrando que a mudança não era uma ameaça, mas sim uma oportunidade de crescimento conjunto.

A insegurança pessoal também é uma barreira comum. Quando um chefe se transita para um papel mais ativo como líder, ele pode se sentir inadequado ou preocupar-se em não ser aceito por sua equipe. Essa insegurança muitas vezes manifesta-se em uma necessidade excessiva de controle, que pode levar a um microgerenciamento – o oposto da confiança que um líder deve inspirar. Um exemplo prático seria Lucas, que, ao assumir novas responsabilidades, ficou ansioso para provar seu valor. Em sua tentativa de manter tudo sob controle, acabou sufocando a autonomia de sua equipe. Reconhecendo seu comportamento, ele trabalhou para delegar tarefas e confiar em sua equipe, levando a um rápido aumento na moral e na motivação.

Outro desafio frequente é o medo de não ser aceito como líder, resultando em estratégias de comunicação falhas. A comunicação é a essência da liderança; ela constrói vínculos, confiança e um sentido de pertencimento. Se um líder não se sentir à vontade para ser autêntico ou se comunicar de forma clara, essa lacuna pode gerar mal-entendidos e desconfiança. Nesse contexto, é vital que o líder passe a contar com feedback sinceros e construtivos, promovendo um ambiente seguro onde os colaboradores se sintam à vontade para serem honestos. Essa é a história de Fernanda, que frequentava cursos de comunicação e treinamentos sobre liderança. Ela logo percebeu que oferecer a si mesma um espaço seguro para sua equipe se expressar promovia um ambiente vibrante, onde as ideias prosperavam e a criatividade se expandia.

Além disso, a sobrecarga emocional pode se transformar em um fardo pesado. A pressão para ter sucesso, somada às expectativas de outros, pode resultar em um estresse intenso. Isso geralmente leva o líder a questionar suas competências e decisões. Um excelente exemplo é Marcos, que, durante uma reestruturação em sua empresa, ficou sob pressão constante para apresentar resultados rapidamente. Sentindo-se cada vez mais estressado, ele quase se deixou levar pelo desânimo. No entanto, ao buscar apoio psicológico e conversas com outros líderes, conseguiu colocar seus pensamentos em ordem e reorientar sua equipe com uma visão renovada.

Para lidar com esses desafios, a construção de uma rede de suporte é fundamental. Ter mentores ou colegas de confiança pode fazer uma diferença imensa durante a transição. Eles podem oferecer conselhos valiosos, fornecer uma nova perspectiva e criar um ambiente de camaradagem que ajude a navegar essas águas turbulentas.

Ao abordar esses desafios, fica claro que a transição de chefe para líder é, acima de tudo, uma jornada de autodescoberta e adaptação. Em vez de ver esses obstáculos como barreiras, é essencial compreendê-los como oportunidades de aprendizado, tanto para o líder quanto para sua equipe. A habilidade de superar esses desafios pode ser o que transformará um chefe em um verdadeiro líder inspirador, cuja influência se estende muito além das fronteiras organizacionais. Cada batalha enfrentada e cada vitória conquistada criam um legado de liderança que perdura no coração e na mente de todos os envolvidos.

Capítulo 12: Reflexões Finais e Caminho à Frente

À medida que nos aproximamos do final desta jornada, é essencial revisar e recapitular os conceitos profundos que exploramos ao longo deste livro. O contraste entre ser um chefe e um líder, cada nuance de comunicação e prática gerencial que discutimos, forma uma tapeçaria rica de aprendizado que, ao ser entrelaçada com experiências reais, pode transformar radicalmente o ambiente de trabalho.

Resumidamente, um chefe não é apenas aquele que ocupa uma posição de autoridade. Um chefe é, em manos inexperientes, o controlador das ações; seu poder muitas vezes se impõe pela necessidade de supervisão rigorosa e não pelos laços genuínos com os colaboradores. Em contraste, um verdadeiro líder maneja sua influência com empatia e abertura. Ele se torna um catalisador de crescimento, um facilitador do bem-estar coletivo, cultivando um campo fértil onde inovações e criatividade podem florescer.

Refletindo sobre a comunicação, percebemos que esta é a base fundamental sobre a qual relações de trabalho saudáveis e produtivas são construídas. A comunicação eficaz não é necessária apenas em gestos ou palavras; ela requer escuta ativa, empatia e o desejo genuíno de compreender o outro. Isso implica estar disposto a olhar para os desafios não como barreiras, mas como oportunidades de conexão e aprendizado. A comunicação é um diálogo que flui em duas direções, onde a troca é a essência da colaboração.

Outro aspecto crucial é a escuta ativa. Definida como a habilidade de não apenas ouvir, mas também entender e validar o que está sendo comunicado, a escuta ativa transforma o ambiente de trabalho em um espaço onde todos se sentem valorizados e capacitados. Durante os relatos de várias líderes que passaram por esta jornada, essa prática foi muitas vezes citada como o que fez a diferença em momentos de tensão ou conflito.

No que se refere à empatia, esta não é simplesmente uma palavra da moda; trata-se de uma habilidade crítica em uma liderança verdadeiramente eficaz. Colocar-se no lugar do outro – entender suas alegrias, seus medos e suas insatisfações – permite que líderes desenvolvam estratégias que não apenas atendem às necessidades da equipe, mas também reconhecem a interdependência entre todos os membros do grupo.

Neste capítulo de encerramento, convido você, leitor, a fazer uma introspecção profunda sobre seu próprio estilo de gestão. Que características do seu comportamento você poderia ajustar ou melhorar para se alinhar mais aos atributos de um líder inspirador? O diálogo honesto consigo mesmo e com sua equipe pode abrir portas para mudanças radicais que beneficiarão a todos.

Sugiro uma reflexão prática: reserve um tempo ao final de cada dia para revisar suas interações. O que funcionou bem? Onde você poderia ter sido mais presente ou compreensivo? O autoconhecimento é fundamental nesse processo; é um passo essencial que o levará a um lugar onde as transformações tornar-se-ão cada vez mais claras e realizáveis. Além disso, incentive seus colaboradores a fornecer feedback honesto sobre sua liderança. Criar um ambiente onde todos se sentem seguros para expressar suas opiniões é um grande passo em direção a uma gestão mais inclusiva.

Estamos apenas começando a entender o verdadeiro impacto que a liderança pode ter na cultura organizacional. As práticas de liderança conscientes e autênticas são forças poderosas que podem reescrever narrativas inteiras em empresas, tornando-as locais não apenas de trabalho, mas de crescimento mútuo e realização. Uma cultura organizacional que valoriza a saúde emocional, a inovação e a colaboração floresce em resultados tangíveis, onde cada colaborador se sente parte essencial da missão coletiva.

À medida que você avança para o futuro, lembre-se de que liderança não é um destino, mas uma jornada. A maneira como você escolhe trilhar isso poderá determinar a diferença que fará na vida das pessoas que você lidera. Portanto, comprometa-se a adotar uma abordagem mais humana e conectada em sua gestão. Este é o convite que deixamos – de se tornar um agente de mudança positiva em seu ambiente de trabalho, contribuindo para algo maior e mais significativo.

E assim, encerramos com a mensagem de que a liderança começa com você. Cada pequeno esforço conta, e as mudanças que deseja ver no mundo podem começar imediatamente. Que você tenha a coragem de agir!

Ao nos aventurarmos mais a fundo na essência da liderança, é imprescindível refletir sobre quem somos como gestores e como essa reflexão pode impactar nossas equipes. Ser um líder significa mais do que apenas ter um título; é um compromisso com o crescimento, tanto do líder quanto dos seus colaboradores. Esta busca incessante pela melhoria é uma jornada que começa com um olhar honesto para dentro.

E tudo começa na mente. Quebrar as barreiras do que entendemos como liderança requer um entendimento profundo de nossas próprias práticas e percepções. Ricardo, um gerente de projetos, decidiu iniciar essa jornada de autoconhecimento. Ele dedicou tempo ao que chamou de "sessões de feedback" com sua equipe, onde a pergunta fundamental não era como ele poderia melhorar, mas o que a equipe realmente sentia sobre a liderança que estava exercendo. Esse simples gesto não apenas abriu portas para uma comunicação mais aberta, mas também deu a Ricardo uma visão valiosa sobre suas fraquezas e pontos fortes.

Essa introspecção precisa ser acompanhada por um diálogo genuíno. Incentive sua equipe a compartilhar não apenas suas expectativas, mas também suas frustrações. Por exemplo, Beatriz, uma supervisora de vendas, começou a fazer isso em uma de suas reuniões. Ao dizer: "Eu quero saber como vocês se sentem em relação às novas metas que definimos", ela não só encorajou a participação, mas também reconheceu que as vozes de sua equipe são vitais para o sucesso coletivo.

É possível que alguns líderes sintam receio ao abrir essa caixa de Pandora. Contudo, é essencial lembrar que a vulnerabilidade é uma força, não uma fraqueza. Torna-se um espaço de confiança, onde erros podem ser discutidos sem medo de julgamento. Essa liberdade é um combustível para a inovação, pois uma equipe que se sente à vontade para falhar juntos, também se sentirá à vontade para experimentar soluções ousadas e criativas.

Além disso, não subestime a importância do reconhecimento. Celebrar até as menores vitórias faz uma diferença gigante na moral da equipe. Comentários simples como "Parabéns pelo excelente trabalho no último projeto" ou "Agradeço a todos pelo esforço nas últimas semanas" podem côar e motivar. O reconhecimento ignora hierarquias e fortalece relacionamentos. João, que era conhecido por ser mais reservado em suas interações, começou a compartilhar pequenas vitórias em suas reuniões diárias. A energia positiva que se formou é algo que ele nunca esperou, mas que agora considera crucial.

Por último, reflita sobre a importância de promover um ambiente propício à comunicação contínua. Isso requer consistência. Estabeleça um espaço onde as discussões sinceras sejam encorajadas de forma contínua, e não apenas em um momento pré-estabelecido. Líderes como a Ana, que criaram um "cantinho do feedback" em sua sala, onde a equipe podia se sentir à vontade para falar e contribuir com sugestões, notaram melhorias significativas na cultura organizacional.

No fim das contas, essa jornada de reflexão não deve ser encarada sozinha. Juntos, como líderes, podemos trabalhar para criar um caminho que não só nos transforme, mas que também transformem os que estão ao nosso redor. Ao encorajar um diálogo genuíno, praticar o reconhecimento e criar um espaço para comunicações continuadas, não apenas se desenvolve como líder, mas também como facilitador do crescimento contínuo. Portanto, ao olharmos para o futuro, que possamos não apenas focar em metas, mas principalmente nas pessoas que nos ajudarão a alcançá-las.

O impacto da liderança na cultura organizacional é algo que vai além da simples administração. O que se busca aqui é a transformação sustentável dentro do ambiente de trabalho, onde práticas de liderança conscientes e humanizadas se traduzem em um benéfico ecossistema para todos os colaboradores. Ao invés de um espaço apenas para cumprir tarefas, a organização pode se tornar um lugar onde a inovação é incentivada e a saúde emocional é uma prioridade.

Apenas como exemplo, empresas como a Google e a Zappos ilustram a força que uma liderança efetiva pode ter. Essas organizações não só cultivam um espaço criativo, mas também priorizam o bem-estar de seus funcionários. Isso não é apenas uma estratégia de marketing; é um compromisso real com a cultura organizacional que reflete em todos os níveis da organização. O ambiente de trabalho proativo, onde colaboradores se sentem valorizados e motivados, resulta em aumento não apenas da produtividade, mas também da lealdade entre os funcionários.

Um estudo realizado por Gallup revelou que equipes engajadas resultam em 21% mais produtividade e em um aumento significativo na satisfação do cliente. Isso demonstra claramente que a maneira como a liderança se comunica, escuta e reconhece seus colaboradores é crucial para a construção de uma cultura organizacional forte. Corporate culture, or cultura corporativa, não é apenas um jargão superficial; é um reflexo da identidade e dos valores que uma empresa busca promover.

E como fazer essa mudança começar? Um líder que deseja impactar sua cultura organizacional precisa demonstrar vulnerabilidade. Precisamos lembrar que a liderança não se trata de estar sempre em controle ou ter todas as respostas. É sobre estar disposto a ouvir, aprender e adaptar-se. Talvez você se recorde da história de Clara, que, ao se tornar gerente, não hesitou em admitir que não tinha todas as respostas. Ao abrir-se para sua equipe e pedir ajuda, ela não apenas conseguiu resolver desafios complexos, mas também criou um ambiente onde todos se sentiram à vontade para contribuir.

Outro ponto importante a ser considerado é a promoção de uma mentalidade de aprendizado contínuo. Organizações que encorajam a formação e o desenvolvimento pessoal e profissional dos colaboradores experimentam uma queda na rotatividade de funcionários e um aumento na satisfação no trabalho. Enquanto líderes, é essencial cultivar um ambiente onde falhas são vistas como oportunidades de aprendizado, não como motivos para punição.

O que se entende como uma "ambiente positivo" tem tudo a ver com a cultura da empresa. É a soma de cada pequena interação, do suporte oferecido pelos pares, das conversas sinceras e da aceitação dos erros. Em essência, um líder que reconhece e protege a saúde emocional de sua equipe cria um ciclo virtuoso que reverbera em todos os aspectos da organização.

Para traçar um futuro inspirador, aqui está uma ação prática que você pode implementar imediatamente: envolva sua equipe em discussões sobre o que a cultura da empresa significa para cada um. Não subestime esse exercício de comunicação aberta, onde colegas podem expressar suas opiniões sobre o que está funcionando e o que pode ser melhorado. Isso não apenas promove transparência, mas também empodera cada membro da equipe a tomar parte na construção de um ambiente que todos desejam cultivar.

Portanto, ao avançar para o futuro da liderança, é fundamental reconhecer que a missão de um líder não se limita a garantir resultados; ela inclui moldar um ambiente que fomente a exploração, a criatividade e a harmonia entre os colaboradores. A verdadeira liderança se destaca por abraçar e nutrir o potencial de cada indivíduo, contribuindo para um legado que ultrapassa as paredes da empresa e cria um impacto positivo nas vidas de todos os envolvidos.

Caminhando para um Futuro Inspirador

À medida que finalizamos nossa reflexão sobre os conceitos abordados, é imperativo traçar um caminho para um futuro promissor. O estilo de liderança que buscamos cultivar é aquele que transcende a simples gestão de tarefas. É um estilo que se alicerça na empatia, na escuta atenta e na determinação de construir um ambiente colaborativo e inovador.

Quando falamos de um futuro inspirador, pensamos na evolução contínua. Vivemos em um mundo onde as mudanças são constantes, e a capacidade de adaptação se torna uma competência central para líderes e chefes. Os líderes mais eficazes são aqueles que não apenas reagem às mudanças, mas que, de fato, se antecipam a elas. Isso não se limita a uma mera observação das tendências do mercado, mas envolve entender profundamente suas equipes e como elas se sentem em relação a suas metas e desafios.

É vital manter-se informado sobre as últimas tendências em gestão e desenvolvimento pessoal. A leitura de novos livros, a participação em workshops e conferências, e a busca por mentores podem expandir sua visão e trazer novas ideias para a sua abordagem. Quando você se compromete a aprender continuamente, torna-se um modelo positivo para sua equipe, que, por sua vez, se sentirá encorajada a fazer o mesmo.

Visualize essa jornada de aprendizado como um emaranhado de experiências. Cada interação, conversa ou feedback recebido é uma oportunidade de crescimento, tanto pessoal quanto coletivo. Stephen Covey, autor de "Os 7 Hábitos das Pessoas Altamente Eficazes", destaca a importância de ser proativo e de internalizar decisões focadas no que realmente importa. Ao aplicar isso diariamente, você molda seu ambiente organizacional e se torna um agente de mudança ainda mais poderoso.

Outra prática essencial é a vivência ativa da gratidão no ambiente de trabalho. Um líder que expressa gratidão não apenas valoriza seus colaboradores, mas também inspira um ciclo de positividade que permeia toda a equipe. Reconhecer e celebrar as conquistas, sejam grandes ou pequenas, cria uma cultura onde todos se sentem importantes e motivados para se comprometerem ainda mais com os objetivos comuns.

Lembre-se também de que, embora a gestão de pessoas possa ser desafiadora, você tem em suas mãos a capacidade de criar um espaço seguro onde todos os colaboradores se sintam ouvidos e valorizados. Isso se traduz em um ambiente de confiança, no qual as ideias podem fluir livremente e a criatividade pode prosperar. Quando cada membro da equipe se sente parte do jogo, a performance melhora, e, consequentemente, os resultados da empresa se sobressaem.

Por fim, o futuro que queremos construir deve ser encarado como um projeto colaborativo. Ao unir diferentes perspectivas e habilidades, fazemos com que o ambiente se torne não apenas um espaço para a execução de tarefas, mas um verdadeiro terreno fértil para inovações. A jornada de liderança que você escolhe seguir pode impactar positivamente não apenas sua equipe, mas também a cultura corporativa e, por extensão, a sociedade como um todo.

Acredite na changência que você pode proporcionar e invista continuamente no fortalecimento de sua rede de contatos, a fim de promover um ambiente de trabalho rico e diversificado. Esta é a essência do líder transformador: ser um exemplo que inspira, uma voz que actua pela coletividade e uma presença que gera mudanças. Portanto, ao encarar seu dia a dia como uma oportunidade de impactar vidas, lembre-se de que cada passo conta na construção de um legado duradouro. Este é o convite que deixo: que você se torne um líder não apenas de seu time, mas um líder de transformação no mundo corporativo.

A cada página deste livro, espero que você tenha encontrado não apenas informações relevantes, mas também um convite pessoal à reflexão e à transformação. Ser chefe e líder são papéis que demandam autoconhecimento e uma profunda compreensão dos nossos colaboradores. Ao abrirmos espaço para a empatia, a comunicação aberta e o respeito, nós não só moldamos um ambiente de trabalho mais saudável, mas também nos tornamos catalisadores de mudanças positivas em nossas equipes e organizações.

A viagem para se tornar um líder inspirador não é uma linha reta, mas sim um percurso repleto de aprendizados, desafios e conquistas. Eu encorajo você a olhar para dentro e a realmente considerar seu estilo de liderança. Pergunte a si mesmo como pode crescer, como pode ouvir com mais atenção e como pode se colocar no lugar do outro. A liderança é uma habilidade que pode ser desenvolvida e moldada por todos que desejam aprimorar a si mesmos.

A diferença que você faz na vida de seus colaboradores pode ser o divisor de águas que transforma sua equipe e a cultura da sua organização. Lembre-se de que cada interação conta, e cada gesto de empatia ressoa em cadeias de respostas emocionais e comportamentais.

Espero que, após essa jornada, você se sinta mais preparado para enfrentar os desafios do dia a dia e aproveite cada oportunidade para liderar de forma mais consciente e humana. Afinal, ser um verdadeiro líder vai muito além do poder ou da hierarquia; trata-se de servir, inspirar e, acima de tudo, fazer a diferença.

Obrigado por ter embarcado nesta jornada comigo. Que você siga adiante, não só como um chefe, mas como um líder que deixa um legado duradouro.

Edson Mariano da Silva Souza

www.ingramcontent.com/pod-product-compliance
Lightning Source LLC
Chambersburg PA
CBHW071746240526
45471CB00022B/586